¡Alles Bluff? Mitreden beim Thema: Philosophie

Jim Hankinson

humboldt

humboldt-Taschenbuch 754

Übersetzung aus dem Englischen: Gabriele Gockel,
Kollektiv Druck-Reif, München
Redaktion: Boris Heczko, Kollektiv Druck-Reif, München

Umschlaggestaltung und Illustrationen: Wolf Brannasky,
München

Druck: Presse-Druck Augsburg
Printed in Germany
ISBN 3-581-66754-1

1 2 3 * 96 95 94

Inhalt

Einführung: Was ist Philosophie?

Diese Frage zu klären, sollten Sie stets mit allen erdenklichen Mitteln zu vermeiden suchen. Dennoch gilt es, gleich zu Beginn zwei Dinge klarzustellen.

Erstens, Philosophie ist kein Fachgebiet, sondern eine Aktivität. Folglich studiert man sie auch nicht: man praktiziert sie. Das meinen jedenfalls die meisten Philosophen. Und zweitens, Philosophie ist im wesentlichen eine Sache des Analysierens von Gedanken, oder anders gesagt, Denken über das Denken.

Zunächst aber wollen wir uns an die Grundlagen halten. Die meisten Philosophen meinen zwar, das sei der Sache nach unmöglich, doch es gibt keinen Grund, warum Sie deren Beispiel folgen sollten. Die Philosophie erscheint dem beiläufigen Beobachter, der nur einen flüchtigen Blick auf sie wirft, erschreckend kompliziert. Und die Sache wird nicht leichter dadurch, daß die Philosophen – von ein paar wenigen ehrenwerten Ausnahmen abgesehen – es für ganz ausgeschlossen halten, eine dem Normalsterblichen verständliche Sprache, zum Beispiel Deutsch, zu sprechen. Wenn ein Philosoph einen gewöhnlichen Menschen meint (eine Spezies, deren persönliche Bekanntschaft er wahrscheinlich nie gemacht hat, von der er allenfalls Reisende hat berichten hören), wird er ihn »den Mann auf der Straße« nennen, und das beweist nur eins: Dem Philosophen ist nicht bekannt, daß der Durchschnittsbürger (männliche Ausführung) heutzutage vorwiegend vor dem Fernseher sitzt.

Ihre Aufgabe liegt also darin, zumindest ansatzweise die geheimnisvolle Bedeutung jenes fachspezifischen Vokabulars in den Griff zu bekommen, mit dem der zeitgenössische Philosoph uns zu verblüffen sucht. Aber machen Sie sich keine Sorgen. Die sprachliche Kompetenz ist, wie der Späte Wittgenstein gesagt hätte (nicht zu verwechseln mit dem Frühen Wittgenstein, der das nicht gesagt hätte), eine Frage der richtigen Aneinanderreihung der Wörter. Sie müssen nicht wirklich ihren Sinn verstehen (wenn sie denn überhaupt einen haben).

Das Leben der Philosophen

Die Philosophie ist ein Fachgebiet, pardon, eine Aktivität, die eine Geschichte hat. Und da sie, wenn überhaupt, nur sehr geringe Fortschritte macht, ist ihre Geschichte von größerer Bedeutung als bei anderen Disziplinen. Der ambitionierte Bluffer muß mit einem ausreichenden Wissen über diese Geschichte gerüstet sein, wenn er wirklich erfolgreich sein will. In diesem Buch werden wir uns fast ausschließlich auf die westliche Philosophie beschränken, also auf jene Tradition, die im siebten Jahrhundert v. Chr. in Griechenland begann. Das hat seinen ganz bestimmten Grund. Die westliche Philosophietradition unterscheidet sich grundlegend von der östlichen. In einem späteren Kapitel werden wir ein paar Ratschläge erteilen, wie man in geeigneter Weise Themen wie Meditation, Buddhismus, indische Religion, Leute mit rasiertem Schädel in schmuddeligen gelben Gewändern und ähnliche Bedrohungen der Gesellschaft abhandeln kann.

Dieses Kapitel enthält also ein paar mehr oder weniger interessante biographische und philosophische Fakten über einige mehr oder weniger berühmte Philosophen in weitgehend chronologischer Reihenfolge.

Die ersten griechischen Philosophen werden meist irreführend als *Vorsokratiker* bezeichnet. Irreführend deshalb, weil nicht alle von ihnen vor **Sokrates** auftraten und sie keineswegs eine geschlossene Gruppe oder Schule bildeten. Viele von ihnen bildeten noch nicht einmal eine in sich geschlossene Persönlichkeit aus. Niemand weiß, warum es überhaupt zur Philosophie kam. Ambitionierte Bluffer der marxistischen Richtung könnten versuchen, von einer unerbittlichen Dialektik historischer Kräfte zu sprechen, aber das ist nicht unbedingt empfehlenswert. Ein auffälliges Kennzeichen vieler Vorsokratiker ist der Versuch, die materiellen Bestandteile des Universums auf ein oder mehrere grundlegende Elemente wie Erde, Luft, Feuer, Sardinen, abgetragene Stoffmützen usw. zurückzuführen.

Thales von Milet (um 620–550 v. Chr.) war der erste anerkannte Philosoph. Vielleicht hat es vor ihm andere gegeben, doch niemand kannte sie. Er soll weite Reisen gemacht und sich vielerlei Kenntnisse angeeignet haben; aufgrund seines in Ägypten erworbenen astronomischen Wissens soll er die Sonnenfinsternis von 585 vorausgesagt haben. Von ihm sind vor allem zwei Behauptungen überliefert:

1) Alles ist aus dem Wasser hervorgegangen;
und
2) Magneten haben eine Seele.

Kein besonders vielversprechender Anfang, könnte man meinen.

Anaximander (um 610–550 v. Chr.), griechischer Naturphilosoph aus Milet, glaubte, alles bestehe aus dem Begrenzten und dem Unbegrenzten, eine Vorstellung, die eine gewisse Scheinattraktivität besitzt, bis man erkennt, daß sie ziemlich sinnlos ist. Seine Schrift »Über die Natur« war die erste philosphische griechische Schrift überhaupt.

Anaximenes (um 570–510 v. Chr.), ebenfalls aus Milet, schlug kühn eine neue Richtung ein: Er behauptete, alles bestehe in Wirklichkeit aus Luft, eine Sichtweise, die vielleicht in Griechenland mehr Plausibilität besaß als beispielsweise in Bitterfeld.

Heraklit (um 540–490 v.Chr.) entschied sich für Feuer, doch er ging noch einen Schritt weiter, indem er behauptete, alles befinde sich im Fluß. Er fügte noch hinzu, man könne nicht zweimal in denselben Fluß steigen und es gebe keinen Unterschied zwischen Oben und Unten, was beides beweist, daß er niemals einen Wanderurlaub in den Alpen gemacht hat. Manchmal lohnt es sich, beiläufig (das ist immer die beste Methode, etwas Philosophisches anzubringen) »Heraklits Metaphysik«, also das Fließen, zu erwähnen, solange keine Gefahr besteht, daß man es erklären muß. Heraklit wurde sehr von ***Hegel*** (s. u.) bewundert, was vielleicht mehr über Hegel als über Heraklit aussagt.

Pythagoras (um 570–510 v. Chr.) erfand, wie jedes Schulkind weiß, das rechtwinklige Dreieck; doch er ging noch weiter und meinte, alles bestehe aus Zahlen. Außerdem glaubte er an eine extreme Form der Wiedergeburt, nämlich daran, daß die verschiedensten unwahrscheinlichen Dinge, so auch Büsche und Bohnen, eine Seele hätten, was seine Ernährung zu einem Problem werden ließ und indirekt zu seinem merkwürdigen Tod beitrug (s. u.).

Empedokles (um 500–430 v. Chr.) war ein bemerkenswerter sizilianischer Politiker mit eigensinnigen Methoden und zugleich Arzt, aber vor allem ein Spinner (genaueres darüber → nächstes Kapitel über die Todesarten der Philosophen). Er glaubte, alles bestehe aus Erde, Luft, Feuer und Wasser und werde durch Liebe und Streit zusammengehalten beziehungsweise aufgelöst, und zwar in einem Kreislauf ewiger Wiederkehr. Was nichts anderes heißt, als daß sich im Kosmos im großen und ganzen die durchschnittliche Vorstadtehe widerspiegelt.

Die *Eleaten* **Parmenides** (520–430 v. Chr.) und **Melissos** (480–420 v. Chr.) gingen noch ein Stück weiter. Anstatt sich damit zufriedenzugeben, daß alles aus einem Stoff besteht, behaupteten sie, es gebe in Wirklichkeit nur ein Ding, das groß, rund, unendlich, bewegungslos und unveränderlich sei. Aller Anschein von Verschiedenheit, Bewegung, Geschiedensein der Gegenstände usw. sei eine Illusion. Diese aller unmittelbaren Erkenntnis zuwiderlaufende Theorie erwies sich als erstaunlich populär, zweifelsohne deshalb, weil sie mit den Erfahrungen übereinstimmt, die man mit Institutionen wie der Deutschen Bahn AG und der Post macht.

Der Nachfolger der Eleaten, **Zenon** (500–440 v. Chr.), lieferte eine Reihe von paradoxen Argumenten für die Behauptung, nichts könne sich bewegen. Über Achilles und die Schildkröte wird bis heute diskutiert, ebenso über den Pfeil: Zenon behauptete, dieser könne sich auf keinen Fall bewegen, was den heiligen Sebastian sicher erfreut hätte. Zenons Argumente drehen sich im großen und ganzen um die Frage, ob Raum und Zeit unendlich teilbar sind oder ob eins von beiden oder beide aus unteilbaren *Quanten* bestehen. Erwähnen Sie dies, um Zenon einen modernen Beiklang zu geben; wenn Sie aufgefordert werden, es näher zu erläutern, wechseln Sie das Thema.

Die letzten Vorsokratiker waren die *Atomisten* **Demokrit** (um 450–360 v. Chr.) und **Leukippos** (450–390 v. Chr.). Von ihnen heißt es manchmal, sie hätten die moderne Atomtheorie vorweggenommen. Das stimmt jedoch keineswegs, und man kann Punkte sammeln, wenn man das erwähnt – schon aus dem einfachen Grund, weil das Entscheidende bei den Demokritschen Atomen ist, daß man sie nicht spalten kann, wohingegen das Entscheidende bei den modernen Atomen ist, daß man sie spalten kann. Vielleicht weisen Sie auch darauf hin, daß Demokrit etwas gegen Sex hatte, ob-

wohl nicht bekannt ist, ob aus theoretischen Gründen oder wegen eines unglücklichen persönlichen Ausrutschers.
Soviel zu den Vorsokratikern. Kommen wir nun zu dem Manne selbst: ***Sokrates*** (469–399 v. Chr.). Sokrates hat nichts geschrieben, und wir müssen uns auf Platon verlassen, wenn wir etwas über ihn wissen wollen. Daher ist es umstritten, inwieweit Platon die Sichtweisen von Sokrates wiedergab oder ob er nur seinen Namen benutzte. Doch lassen Sie sich nicht auf diese Frage ein: Ein gutes Mittel ist, mit überlegener Geringschätzung darauf hinzuweisen, daß philosophische Inhalte zählen und nicht ihre historische Herkunft.
Platon (427–347 v. Chr.) glaubte, gewöhnliche Gegenstände des Alltags wie Tische und Stühle seien lediglich dürftige »phänomenologische« Kopien vollkommener Originale, die im Himmel aufbewahrt würden, um vom Intellekt erkannt zu werden – die sogenannten Formen. Es gibt auch Formen von abstrakten Gegenständen wie Wahrheit, Schönheit, Güte, Liebe, überzogene Konten usw. Das brachte Platon jedoch in Schwierigkeiten. Denn wenn alles, was wir sehen, fühlen, berühren usw. eine Existenz aufgrund einer vollkommen guten Form hat, dann muß es auch vollkommen gute Formen von vollkommen schrecklichen Dingen geben. Platon selbst erwähnt Haare, Schlamm und Filz; man kann sich aber auch bessere Beispiele vorstellen wie Barbie-Puppen und Souvenirs von einer Pauschalreise nach Spanien.
Platon wird als Philosoph bei weitem überschätzt. Wenn Sie es nicht glauben wollen, sehen Sie sich nur einmal die folgende typisch platonische Argumentation aus Buch 2 der Republik an:
1. Jeder, der aufgrund von Wissen (im Gegensatz wahrscheinlich zum bloßen Vorurteil) zwischen Dingen unterscheiden kann, ist ein Philosoph;
2. Wachhunde unterscheiden zwischen Dingen (in diesem Falle Besuchern), je nachdem ob sie sie kennen oder nicht (eine Wahrheit, die Postboten nur allzu vertraut ist);
ergo: 3. Alle Wachhunde sind Philosophen.
Machen Sie hin und wieder die Probe aufs Exempel.

Nach Platon kommt ***Aristoteles*** (384–322 v. Chr.), der manchmal als Stagirit bezeichnet wird. Hierbei handelt es sich nicht um etwas, was in unterirdischen Höhlen herumhängt, sondern um einen Bewohner des Ortes Stagira in Makedonien. Er gehörte zu den Schülern Platons und hoffte, sein Nachfolger im Amt des Vorsitzenden der Akademie zu werden. Folglich war er ein wenig eingeschnappt, als ***Speusippos*** (nicht notwendig, etwas über ihn zu wissen) den Job bekam, verließ die Akademie verärgert und gründete seine eigene Schule, das Lyzeum – nicht zu verwechseln mit der Schule für höhere Töchter gleichen Namens.

Aristoteles war ausnehmend schlau. Er trug einiges zur Logik bei (eigentlich erfand er sie), zur Wissenschaftstheorie (auch die erfand er), zur biologischen Systematik (ja, er erfand diese ebenfalls), zur Ethik, politischen Philosophie, Semantik, Ästhetik, zur Theorie der Rhetorik, Kosmologie, Meteorologie, Bewegungslehre, Hydrostatik, Theorie der Mathematik und Hauswirtschaft. Es ist wenig ratsam, etwas Unhöfliches über ihn zu sagen, doch der selbstbewußte Bluffer wagt es vielleicht, die exzessive Neigung zur Teleologie in seiner Biologie zu bedauern oder zu bemerken, daß seine logische Theorie zwar eine bemerkenswerte Leistung war, aber natürlich von den modernen, auf Frege und Russell (s. u.) zurückgehenden Entwicklungen ersetzt wurde. Doch seien Sie dabei vorsichtig und verwenden Sie dieses Argument niemals im Gespräch mit einem Mathematiker, auch wenn er noch sehr jung ist.

Eine ziemlich sichere Methode hingegen besteht darin, sich in maßvoller Weise geringschätzig über die absurden Aspekte der aristotelischen Biologie zu äußern, zum Beispiel über die folgende Behauptung, die Geschlechtsorgane der Schlange betreffend:

»Schlangen haben keinen Penis, da sie keine Beine haben; und sie haben keine Hoden, weil sie so lang sind.« *(De Generatione Animalium)*

Aristoteles hat keinen Beweis für die erste Behauptung, es sei denn, man glaubt, die Schlange würde sich in schmerzvoller Weise über den Boden schleppen; die zweite hingegen ist auf seine Fortpflanzungstheorie zurückzuführen. Für Aristoteles wird der Samen nämlich nicht in den Hoden produziert, sondern im Rückgrat (die Hoden fungieren offenbar als eine Art Ruhezone für die wandernden Spermien); darüber hinaus sei kalter Samen unfruchtbar, und je weiter er wandern müsse, um so kälter werde er (daher die altbekannte Tatsache, so Aristoteles, daß Männer mit langen Penissen unfruchtbar sind). So wären also Schlangen – da sie so lang sind – unfruchtbar, wenn der Samen irgendwo unterwegs zum Stillstand käme; doch sie sind es nicht; daher haben sie keine Hoden. Ein wirklich tolles Argument. Und ein Beispiel für exzessive Teleologie, die in diesem Fall das Pferd vom Schwanz aufzäumt.

Nach Aristoteles zersplittert sich die Philosophie immer mehr. Neben der Akademie und dem Lyzeum entstanden verschiedene rivalisierende Schulen und zogen gegen jene zu Felde. Die wichtigsten Neuankömmlinge zu Beginn des dritten Jahrhunderts v. Chr. sind die *Stoiker*, die *Epikureer* und die *Skeptiker*.

Die *Stoiker* glaubten absurderweise an eine alles umfassende göttliche Vorsehung – trotz aller gegenteiligen Beweise wie Naturkatastrophen, das Vorherrschen von Ungerechtigkeit und das Auftreten von Hämorrhoiden.

Die *Epikureer*, so genannt nach ihrem Gründer **Epikur** (342–270 v. Chr.), meinten, das Ziel aller Dinge sei der Genuß, und dieser bestehe darin, die Wünsche zu befriedigen – ein guter Anfang. Doch dann mußten sie die Sache verpatzen, indem sie vorbrachten, dies bedeute nicht, daß eine Menge Genuß etwas Gutes sei: Vielmehr solle man die Zahl seiner Wünsche begrenzen, damit nicht allzuviele unbefriedigt blieben – eine Haltung, die zu einem elendig langweiligen Leben führt. Diese logische, wenn auch nicht sehr genußreiche Sichtweise steht natürlich in krassem Gegensatz zu jener Haltung, wonach Philosophie in ihrem Kern die Suche nach dem Unbeschreiblichen und Unerreichbaren bedeutet: mystische Vereinigung mit dem Schöpfer, vollkommene Empathie mit dem Kosmos, eine Affäre mit Cathérine Deneuve. Oder anders gesagt:

»Unter Glückseligkeit verstehen wir die Abwesenheit von geistiger und physischer Qual. Es geht nicht um

Trinkgelage, orgiastische Feste oder den übermäßigen Genuß von Frauen, kleinen Jungen oder Fisch.« *(Aus dem Brief an Menoikeos)*

Wir wissen nicht, woher Epikur die Idee mit dem Fisch hatte, doch Sie können versichert sein, daß es so im Text steht. Der andere wichtige Punkt bei den Epikureern war ihre Version der Theorie von den Atomen, die der von Demokrit glich. Allerdings behaupteten sie – um den freien Willen zu retten -, die Atome torkelten bisweilen hin und her und verursachten auf diese Weise Zusammenstöße, ähnlich wie Betrunkene auf dem Münchner Oktoberfest. Außerdem glaubten sie, die Götter existierten zwar, doch seien ihnen die menschlichen Angelegenheiten vollkommen gleichgültig, da sie Besseres zu tun hätten.

Die andere bedeutende Schule jener Zeit, die *Skeptiker*, glaubte überhaupt nichts. Ihr Begründer, **Pyrrhon von Elis** (um 360–270 v.Chr.), schrieb kein einziges Buch (vermutlich deshalb, weil er meinte, daß es sowieso niemand lesen würde), im Gegensatz zu späteren Skeptikern – was wahrscheinlich reichlich überflüssig war. Insbesondere zu nennen sind hier **Timon**, der eine Spottschrift mit dem Titel *Silli* verfaßte, **Ainesidemos** und **Sextus Empiricus**. Ihre wichtigste These lautete, daß keine Sinneswahrnehmung zuverlässig sei – auch wenn dies angenehm wäre – und man sich daher in nichts sicher sein könne. Ja, man könne nicht einmal sicher sein, daß man sich in nichts sicher sein könne. Zum Beweis ihrer These legten sie eine Variante des Illusionsarguments vor, das später auch Descartes verwendete.

Es heißt, Pyrrhon sei mit seinem Skeptizismus soweit gegangen, daß Freunde ihn wiederholt davon abhalten mußten, von Klippen herabzufallen, unter vorbeifahrende Wagen zu laufen oder in Flüsse zu springen. Das muß eine Vollzeitbeschäftigung gewesen sein, aber sie scheinen ihre Sache sehr gut gemacht zu haben, denn er erreichte ein hohes Alter. Er soll die indischen Gymnosophen besucht haben, die auch »nackte Philosophen« genannt wurden, weil sie die Angewohnheit hatten, unbekleidet Seminare abzuhalten. Es wird berichtet, daß Pyrrhon einmal so von den ständigen öffentlichen Be-

fragungen irritiert war, daß er seine Kleider abstreifte (was vermutlich der einzige Einfluß war, den die Gymnosophen auf ihn hatten), in den Phantasiefluß Alphaios sprang und mit kräftigen Zügen davonschwamm.
Es gab noch ein paar weitere, weniger bedeutende Schulen, die sich ins Spiel zu bringen versuchten, vor allem die *Kyniker*, Meister der höhnischen Bemerkungen und Verächter von Eßgelagen. Einen von ihnen, ***Krates***, nannte man den »ungebetenen Gast«, weil es seine Spezialität war, in die Häuser der Leute einzudringen und sie zu beleidigen. Der berühmteste Kyniker war ***Diogenes*** (um 412–323 v. Chr.), der in einer Tonne lebte, um keine Steuern bezahlen zu müssen, und einmal denkwürdigerweise, wenn auch vorschnell, Alexander den Großen aufforderte, ihm aus der Sonne zu gehen. Außerdem schockierte er die Leute, indem er auf öffentlichen Plätzen aß, liebte und masturbierte, wie und wann es ihm gerade gefiel.
Die Philosophie trieb auch in griechisch-römischer Zeit ihr Unwesen, und zwar unter der launenhaften Gunst der römischen Kaiser, deren Haltung zu den Philosophen beträchtlich variierte. Mark Aurel zum Beispiel war selbst einer; Nero hingegen ließ sie umbringen. In dieser Zeit wurde bereits der Einfluß des Christentums spürbar, und darunter hatte die Philosophie zu leiden. ***Augustinus*** (354–430 n. Chr.) der aus irgendwelchen Gründen trotz seines ausschweifenden Sexuallebens und seines berühmten Gebets zu Gott »Mach mich tugendhaft, aber noch nicht gleich« heilig gesprochen wurde, hatte ein paar interessante Ideen. Er nahm Descartes' Cogito (Ich denke, also bin ich; nennen Sie es *immer* das »Cogito«, s. u.) vorweg und entwickelte eine Theorie der Zeit, derzufolge Gott außerhalb des zeitlichen Verlaufs der Ereignisse steht (als Ewiger und Unveränderlicher mußte er das wohl zwangsläufig). Das bedeutet, daß der Allmächtige nicht weiß, wann eine Sache geschieht, ganz ähnlich, wie das bei einem gewöhnlichen Bahnbeamten der Fall ist.
Außerdem gab es die *Neuplatoniker*, von denen einige Christen waren, andere nicht, deren Namen jedoch alle mit einem »P« zu beginnen scheinen. Die Christen un-

ter ihnen hatten es sich zur Aufgabe gemacht, nachzuweisen, daß Platon in Wirklichkeit ein Christ gewesen war, ein Gedanke, der eine verblüffende, um nicht zu sagen unlogische Umstellung der Chronologie erforderlich machte. Die Neuplatoniker bezeichneten abstrakte Dinge meist mit Wortschöpfungen wie das Eine und das Seiende, so daß niemand wußte, was sie damit meinten. Dieser Fehler ist aber nicht auf sie beschränkt. Heidegger tat das auch, doch er war schließlich Deutscher, und bei den Deutschen muß man immer mit so etwas rechnen. Sie werden sicherlich Leuten begegnen, die Bewunderung für diese Philosophen hegen: Zögern Sie nicht, sie kurzerhand abzulehnen, insbesondere ***Plotin***, ***Porphyrios*** und ***Proklos***, auch wenn Sie vielleicht zähneknirschend zugeben müssen, daß der letztere einige interessante Gedanken über Ursachen hatte.

Nach den Neuplatonikern kam das Dunkle Zeitalter, und die Flamme der Philosophie wurde, wie wortreiche Historiker sich gerne ausdrücken, in der arabischen Welt am Leben erhalten sowie in Klöstern, die entweder zu abgelegen waren oder zu sehr unter Armut litten, um geplündert zu werden. Die Philosophie nahm, soweit sie in Europa überhaupt noch existierte, eine deprimierend theologische Wendung und kreiste um Streitfragen wie die, ob Gott Eine Person in Drei oder Drei Personen in Einer sei, wie man die Substanz des Heiligen Geistes bestimmen könne und wie viele Engel auf einer Nadelspitze tanzen können (für den unwahrscheinlichen Fall, daß sie es tatsächlich wollen). Vielleicht lohnt es sich, die Aufmerksamkeit nach Cordoba in Südspanien zu richten, das unter arabischer Besetzung die Heimstatt des größten jüdischen Philosophen ***Maimonides*** und des größten arabischen Philosophen ***Averroes*** war. Einige werden dagegenhalten, daß Avicenna und nicht Averroes der größte arabische Philosoph war – aber geben Sie nicht nach. (Dogmatismus zahlt sich aus.) Mehrere Jahrhunderte lang konnten Juden, Araber und Christen hier zusammenleben. Religiöse Intoleranz war, auch wenn es sie immer gab, niemals eine unveränderliche Tatsache des Lebens.

Die europäische Philosophie wurde im elften Jahrhundert mit ***Anselm*** wiederbelebt, einem weiteren philosophischen Heiligen, dessen Berühmtheit darauf beruht, daß er den fälschlicherweise als ontologisch bezeichneten Gottesbeweis erfand. Dieser Beweis ist beachtenswert wegen seiner mangelnden Logik, seiner Langlebigkeit und der Schwierigkeit, die es bereitet, ihn zu widerlegen. Er lautet folgendermaßen: Denke an etwas, von dem man sich nicht vorstellen kann, daß es etwas Größeres gibt; die Existenz selbst aber ist eine Eigenschaft, die einer Sache einen höheren Rang verleiht.* Wenn also das Größte (d. h. Gott) nicht existiert, gäbe es noch etwas Größeres, das man sich vorstellen könnte, nämlich einen existierenden Gott, mit denselben Eigenschaften wie der andere, nur mit dem zusätzlichen Bonus der Existenz. Und das können wir uns vorstellen. Also muß Gott existieren. Anselm erklärt dazu, Gott habe ihm dieses Argument kurz nach dem Frühstück am 13. Juli 1087 in einer Vision übermittelt, als er in einer Art Glaubenskrise steckte. Daher ist es der einzige wichtige Beweis in der gesamten Philosophiegeschichte, dessen Entdeckung exakt datiert werden kann. Natürlich nur, sofern Anselm nicht geschwindelt hat.

Der nächste bedeutende philosophische Heilige war ***Thomas von Aquin*** (1225–1274), der im großen und ganzen dafür verantwortlich ist, daß Aristoteles wieder in die westliche Tradition eingeführt wurde. (Er war von den Wissenschaftlern jahrhundertelang geflissentlich übergangen worden, weil sie nicht zugeben wollten, daß sie kein Griechisch verstanden.) Der heilige Thomas von Aquin ist auch der einzige Philosoph, der von der katholischen Kirche offiziell anerkannt wurde. Erwähnenswert sind vor allem seine Fünf Wege zum Beweis der Existenz Gottes – offensichtlich hatte ihn Anselm nicht besonders beeindruckt. Sie müssen sie nicht kennen, aber Sie können versuchen, darauf hinzuweisen, daß es zwischen den ersten drei Methoden keinen signi-

* Dieses Argument, das unlogisch ist, wenn es auf üblen Mundgeruch und Kleinkinder angewendet wird, klingt überzeugender, wenn das in Frage stehende Wesen in jeder anderen Hinsicht gut ist.

fikanten Unterschied gibt, der Aquinat (wie er unter Insidern genannt wird) also zu hoch gereizt hat.
Thomas ist auch der Urheber zweier interessanter Argumente gegen den Inzest. Erstens: Der Inzest würde das Familienleben noch komplizierter machen, als es ohnehin schon ist. Und zweitens: Der Inzest zwischen Geschwistern müsse verboten werden, denn wenn die Liebe zwischen Eheleuten noch durch die Geschwisterliebe verstärkt würde, wäre die daraus entstehende Bindung so stark, daß sie zu unnatürlich häufigem Geschlechtsverkehr führen würde. Unglücklicherweise hat der heilige Thomas diesen letzten faszinierenden Gedanken nicht näher ausgeführt. Außerdem ist zu bezweifeln, daß er Brüder oder Schwestern hatte.
Was die übrigen mittelalterlichen Gelehrten betrifft, die durch ihre pädagogische Vorliebe für Pedanterie bekannt wurden, so scheinen die wichtigsten alle Franziskaner gewesen zu sein. Sie sollten ihnen tunlichst aus dem Weg gehen, zumindest in Detailfragen. Vielleicht erinnern Sie daran, daß ***Duns Scotus*** (1270–1308) eigentlich Ire war und laut Störigs philosophischem Wörterbuch »der Theologie ... einen vorwiegend praktischen Charakter beilegt«, was immer das auch heißen mag. Ein anderer Name, den fallenzulassen sich lohnt, ist der von ***William von Occam*** (um 1290–1349), nach einhelliger Meinung der größte mittelalterliche Logiker, der mit einem einzigen Satz einer jahrhundertelangen Philosophie ein Ende bereitete:
»Die Zahl der allgemeinen Gegenstände darf nicht unnötig vermehrt werden.«
D. h.: Sammeln Sie nicht alles und jedes, oder anders gesagt: Ab und zu mal ausmisten!
Das moderne Zeitalter beginnt in der Philosophie mit der Entdeckung des griechischen Skeptizismus in der Renaissance; Lorenzo Valla übersetzte die Schriften, und Michel de Montaigne wendete sie an. Nach ihrem Aufstieg von Valla zu Montaigne bildete die skeptische Erkenntnistheorie die Grundlage, auf der Descartes erneut eine positive Philosophie aufbauen sollte.
René Descartes (1596–1650) war, wie es in fast jeder Seminararbeit von Studenten im ersten Semester heißt,

der Vater der modernen Philosophie. Und er war in vielerlei Hinsicht ein ausgesprochen gewinnender Charakter: Er hatte enorme Schwierigkeiten, am Morgen aufzustehen, und er erfand das Cogito (denken Sie daran, Sie sollten es *immer* so nennen), während er sich im Jahre 1620 in Bayern versteckte, um dem Militärdienst zu entgehen. Er heiratete nie, hatte jedoch eine uneheliche Tochter. Es ist ratsam, Descartes' berühmten philosophischen Slogan in mindestens drei Sprachen auswendig zu lernen, da man auf Deutsch damit nur wenig Punkte erzielen kann. Descartes selbst veröffentlichte ihn sowohl auf Lateinisch als auch auf Französisch: »Cogito, ergo sum«; »Je pense, donc je suis« (diese Version stammt aus dem *Discours de la Méthode*, der viel weniger bekannt ist als die lateinischen *Meditationes* und sich daher besser als Material für den Bluffer eignet). Fortgeschrittene Bluffer können sich den Spaß erlauben, Versionen in Englisch, Koreanisch, Urdu usw. vorzubringen. Descartes kam zu dem Schluß, daß zumindest diese eine Erkenntnis sicher sei, nachdem er den systematischen Versuch unternommen hatte, alles andere in Zweifel zu ziehen, wobei er mit vergleichsweise einfachen Dingen wie Apfelsinen, Käse, den realen Zahlen begann und sich dann allmählich vorarbeitete zu den wirklich unangenehmen wie Gott und seiner Hauswirtin.

Descartes entdeckte, daß er die Existenz von allem bezweifeln konnte außer der seiner eigenen Gedanken. (Er hatte sogar leise Zweifel bezüglich seines Körpers, und zwar aus gutem Grund, wenn die zeitgenössischen Porträts nicht täuschen.) Von dieser unverrückbaren Gewißheit ausgehend, »schlug er eine metaphysische Brücke« (benutzen Sie diese Formulierung, sie klingt gut) zurück zur normalen Realität, indem er die Existenz Gottes bewies (wie genau, braucht uns nicht zu interessieren; es genügt zu wissen, daß er es tat). So lagen die Dinge am Ende ziemlich genauso da, wie er sie vorgefunden hatte. Aber so ist es eben in der Philosophie, wie Wittgenstein zeigen sollte. Sie fragen sich vielleicht nicht zu Unrecht, ob es die Mühe wert war, aber lassen Sie sich auf keinen Fall etwas anmerken!

Von diesem Zeitpunkt an gibt es Anzeichen für eine Aufspaltung der Philosophie in zwei Traditionslinien, die kontinentaleuropäische und die angelsächsische. Eine derartige Bemerkung erregt meist den Zorn der auf Eigenständigkeit bedachten Briten, weil ihnen damit bewußt gemacht wird, daß sie bis zu einem bestimmten historischen Zeitpunkt philosophisch mit dem Kontinent verbunden waren.

Wenden wir uns also zunächst dem letzteren und Persönlichkeiten wie **Spinoza** (1634–1677) zu, einem jüdischen Linsenschleifer aus Amsterdam. Er wurde sehr wegen seiner Ethik bewundert (wenn auch offenbar nicht von seinen Zeitgenossen, die ihn zuerst öffentlich mit dem Bann belegten und dann, als das nichts fruchtete, versuchten, ihn umbringen zu lassen). Sein ethisches System gleicht einer Reihe geometrischer Ableitungen. Angesichts einer solchen Methode überrascht es auch nicht, daß er streng deterministisch dachte und an eine unverrückbare logische Notwendigkeit glaubte.

Ist also von Spinoza die Rede, zeigt man sich am besten unentschieden zwischen Bewunderung und einer leichten Enttäuschung darüber, daß er ein System anwendete, welches so wenig zu einem Gegenstand wie der Ethik paßt. Ethik, so könnte man etwa als Merkspruch anbringen, kann nicht in einem formalen, axiomatischen System dargestellt werden.

Leibniz (1646–1716) ist vor allem als die Witzfigur Pangloss in Voltaires *Candide* populär geworden: der optimistische Dummkopf, der glaubt, alles stehe zum besten in der besten aller Welten, was augenscheinlich Unsinn ist. Doch Leibniz schrieb solche Dinge nur, um die Monarchen zu erfreuen – was angesichts der günstigen Lage, in der sich diese befanden, wohl gar nicht nötig gewesen wäre. Leibniz schrieb auch ausufernde Abhandlungen über logische und metaphysische Probleme, doch diese Spekulationen wurden nicht zu seinen Lebzeiten veröffentlicht, da sie für die Monarchen nicht sehr erfreulich waren. Für den unwahrscheinlichen Fall, daß sein Name auftaucht, äußern Sie mit einer gewissen Melancholie Ihre Betroffenheit über die Diskrepanz zwischen der Qualität seiner privaten Ge-

danken und der Dürftigkeit seiner öffentlichen Bekundungen.
Die führenden Geister unter den Philosophen des 18. Jahrhunderts waren die Franzosen **Voltaire**, **Rousseau** und **Diderot**. Bemerkenswert ist, daß alle drei ins Gefängnis gesteckt oder ins Exil verbannt wurden – oder beides. **Voltaire** (1694–1778) brachte mit seinen aufklärerischen Gedanken Licht ins Dunkel des Kontinents, hielt die Metaphysik für Aberglauben und rebellierte gegen jede Form der Autorität, obwohl er meinte, wenn es keinen Gott gäbe, müsse man einen erfinden. Dennoch sah er die Welt weitaus pessimistischer als etwa Leibniz (was vielleicht auch damit zu tun hatte, daß er zwei Jahre am Hof Friedrichs des Großen verbrachte) und bewunderte die englischen Verhältnisse. Ein widersprüchlicher Geist also, und wenn Sie Stoff für erregte Diskussionen suchen, zitieren Sie am besten einen Satz, der so gar nicht zu den Idealen von Freiheit, Gleichheit und Brüderlichkeit paßt, denen er sich verschrieben hatte: »Es scheint nötig, daß es einen unwissenden Pöbel gibt; wenn dieser zu räsonieren anfängt, ist alles verloren.«
Erwies sich Voltaire als Wegbereiter der Französischen Revolution, so war **Rousseau** (1712–1778) bereits deren Kritiker – und ein Träumer: Der Mensch sei, so behauptete er, von Natur aus gut, und nur die anderen, also die Gesellschaft mit ihrer ganzen Kultur und Geschichte, verdürben ihn. Und käme nur die *volonté générale* (der universale Wille aller als Brüder im Gegensatz zur zufälligen Einheit aller durch Abstimmung, der *volonté de tous*) zustande, so wäre der ideale Staat gegeben – ein Gedanke, mit dem Sie zwar brillieren können, wenn Sie die französischen Begriffe in die Debatte werfen. Aber Vorsicht: Hier gleitet das gepflegte philosophische Gespräch leicht in eine hitzige politische Debatte über Sinn und Unsinn demokratischer Wahlsysteme ab. Rousseaus Schlachtruf lautete: »Zurück zur Natur!«, womit man schon bei der Erziehung der Kinder beginnen müsse. Und da er das philosophisch nicht recht begründen konnte, schrieb er kurzerhand einen – langatmigen – Roman mit dem Titel *Émile oder über die*

Erziehung, den spätere Generationen als Handbuch zur antiautoritären Erziehung auffassen sollten. Und steckte seine eigenen Kinder ins Kinderheim! (Voltaire meinte einmal, beim Lesen Rousseaus überkomme ihn das unbändige Verlangen, auf allen Vieren zu kriechen.)

Es ist inzwischen Mode, ***Diderots*** (1713–1784) Originalität, seinen Humor, seine Menschlichkeit und seine schöne erotische Prosa auf Kosten der anderen beiden zu rühmen. Lassen Sie in einem Gespräch die Titel *Le Rêve de d`Alembert* oder *Jacques Le Fataliste* fallen – und vergessen Sie nicht zu erwähnen, daß er, um seinen Lebensunterhalt zu verdienen, pornographische Schriften verfaßte.

Der ***Marquis de Sade*** (1740–1814) ist sehr gut brauchbar, teils als Beispiel für einen auf extravagante Weise abtrünnigen aristokratischen Spinner, teils deswegen, weil er die Philosophie des naturhaften Daseins bis zum Wahnsinn betrieben haben soll. Sein Motto könnte gelautet haben: »Wenn du dich gut dabei fühlst, tu es.« Er fühlte sich gut, er tat es, und er wurde deshalb eingesperrt. Erwähnen Sie *La Philosophie dans le Boudoir*, eine außergewöhnliche Mischung aus soziobiologisch-politischer Moralphilosophie und phantasiereich inszeniertem Sadomaso-Sex. Sie könnten vorsichtig die Frage stellen, ob seine Philosophie ernst genug genommen wurde (sie wurde, aber das brauchen Sie nicht zu erwähnen).

Womit wir nun zu den ***deutschen*** Philosophen des 19. Jahrhunderts kämen. Alles, was Sie über deren Vorläufer, den Königsberger ***Immanuel Kant*** (1724–1804), wissen müssen, finden Sie in einem anderen Kapitel (→ Ethik). Vielleicht sollte man aber noch erwähnen, daß Kant ein Sonderling war und seine berühmten Maximen, mit denen er die Nachwelt peinigte, oftmals weniger das Resultat tiefschürfender philosophischer Reflexionen waren als die Folge unliebsamer Störungen seines pedantisch eingehaltenen alltäglichen Zeitplans. Als er zum Beispiel einmal nach 22 Uhr (dem Zeitpunkt, da er sich allabendlich zur Ruhe legte) von einer spontanen Spazierfahrt zurückgebracht wurde, schuf er die jedem einleuchtende goldene Lebensregel, »sich nie von jemandem zu einer Spazierfahrt mitnehmen zu lassen.«

Alles, was die Leute über **Hegel** (1770–1831) wissen, hätte Platz auf einer Postkarte, denn er besaß in ausgeprägter Form jene allen Einzelgängern, Computerfans und deutschen Philosophen eigene Begabung, die einfachsten Dinge unglaublich kompliziert zu machen. Daher können Sie mit seinem Vokabular ungeheuer Punkte machen. Wirkungsvoll ist vor allem seine Unterscheidung zwischen »an sich« und »für sich«, wobei es Ihrer Phantasie überlassen bleibt, was darunter zu verstehen ist, im Zweifelsfall aber ist das »Für sich« die höhere Stufe auf der unendlichen Leiter der *Dialektik*. Da er letzteren Begriff als erster für das Zusammenspiel gegensätzlicher historischer Kräfte verwendete, ist Hegel für die Prähistorie des Marxismus von großer Bedeutung. (Dabei sollten Sie es aber belassen und sich auf keinen Fall in eine Debatte darüber einmischen, ob Marx Hegel wirklich vom Kopf auf die Füße gestellt hat.) Hegel wendete aber die von ihm erfundene Dialektik nicht nur auf die Historie an, sondern auch auf so schön romantische Dinge wie die Liebe und auf Gott. So erklärte er die ewige Tragödie heterosexueller menschlicher Beziehungen damit, daß sich die Liebenden gleichzeitig als eins und als getrennte Wesen begreifen und ständig wieder zueinander wollen. Der überkommenen philosophischen Tradition folgend, versuchte Hegel, alles auf ein einziges Prinzip zurückzuführen. So erfand er den *Weltgeist* (auf Schwäbisch »Weldgeischd« – Hegel pflegte als Professor in seinem Heimatdialekt zu dozieren), der – wiederum dialektisch – nach einem langen Ausflug in die Weltgeschichte zu sich zurückfindet und damit zu seiner höchsten Vollendung. Leider gelang es Hegel nicht, alles Weltgeschehen diesem absoluten Prinzip unterzuordnen, da sich wahrlich nicht alle Tragödien und Absurditäten im Sinne eines Fortschreitens zum Höheren deuten lassen. Damit war sein Unternehmen schlichtweg gescheitert – eine Behauptung, mit der Sie jeden echten Idealisten oder Teilnehmer an Hegelkongressen zur Verzweiflung bringen können.

Schopenhauer (1788–1860) hatte für seinen Kollegen Hegel nur Spott, Hohn und Verachtung übrig, nannte ihn einen »Absurditätenlehrer« und seine Philosophie »hohlen Wortkram«, vielleicht weil dieser ihn nicht als den »heimlichen Kaiser der Philosophie«, für den er sich selbst hielt, anerkannte; vielleicht aber auch, weil er seinen Sinn für menschliche Schwächen nicht teilte (die Schopenhauer selbst sein Leben lang plagten). Die Welt, so Schopenhauer, ist Wille und Vorstellung, also eine sinnlose Scheinwelt, die von einem blinden Willen getrieben wird – was jedermann bestätigen wird, der am Freitag nachmittag in einem großstädtischen Kaufhaus einzukaufen versucht.

Nietzsche (1844–1900) war ein komischer Kauz und eignet sich daher hervorragend für Cocktailpartys. Die zeitgenössische Meinung stellt ihn auf die gleiche Stufe wie Wagner und bezeichnet ihn als Protofaschisten. Er vertrat die Ansicht, Gott sei tot oder stehle einem zumindest die Zeit, und haßte Frauen fanatisch, obwohl in Zweifel steht, ob er jemals einer begegnet ist. Außerdem propagierte er die These von der Ewigen Wiederkehr, derzufolge alles immer wieder auf genau dieselbe Art und Weise geschieht. Er fände das tröstlich, bekannte er, doch für uns bedeutet das eine ewig wiederkehrende Langeweile, wenn wir seine Schriften lesen. Nietzsche wurde 1888 endgültig verrückt (einige würden sagen, dies sei schon viel früher passiert) und wählte Kapitelüberschriften wie *Warum ich so klug bin* und *Warum ich so gute Bücher schreibe.*

Erwähnen kann man auch den Dänen ***Kierkegaard*** (1813–1855), und wenn auch nur, um zu zeigen, daß Sie wissen, wie man ihn ausspricht: »Kierkegoar«.

Der bemerkenswerteste französische Philosoph jener Zeit war ***Henri Bergson*** (1859–1941). Er war Vitalist und glaubte, belebte Materie unterscheide sich von unbelebter darin, daß in ersterer ein geheimnisvoller Élan Vital oder eine mysteriöse und undefinierte Lebenskraft vorhanden sei, die aus irgendeinem Grunde den menschlichen Körper beim Erwachsenwerden verläßt. Außerdem gelang es ihm, ein dickes Buch über das Lachen zu schreiben, das nicht einen einzigen guten Witz enthält.

Womit wir bei den Amerikanern wären.
Der entscheidende Beitrag der Amerikaner zur Philosophie dieser Zeit war der Pragmatismus, bei dem es sich nicht, wie in der Politik, um ein anderes Wort für die schäbige und nur dem eigenen Nutzen dienende Ablehnung sämtlicher Prinzipien handelt, sondern vielmehr um die Überzeugung, daß wahr und falsch nicht absolute Werte sind, da sie von Konventionen abhängen; oder, in einer von einigen modernen Philosophen bevorzugten Formulierung: »zur allgemeinen Disposition stehen«. Wenn man ein wenig darüber nachdenkt, hat das vielleicht doch Ähnlichkeit mit der Politik. Vertreter dieser Ansicht waren ***William James*** und ***John Dewey***. Wenn Sie diese Namen erwähnen, wird wahrscheinlich jeder fragen, wer das ist. Weisen Sie dann einfach darauf hin, daß James der Bruder des Schriftstellers Henry James war. Auch den wird kaum jemand kennen, aber man wird Ihnen keine weiteren Fragen stellen.
Kommen wir nun zu den Briten. Sie werden meist als *Empiristen* in einen Topf geworfen, was, wie der Name schon andeutet, beinhaltet, daß sie ihre Theorien auf der Grundlage dessen entwickelt haben, was man fühlen, beobachten, erfahren kann. Zählt man die Namen der wichtigsten Vertreter auf, klingt das wie der Anfang einer dieser Witze: Ein Engländer (Locke), ein Ire (Berkeley) und ein Schotte (Hume)... Aber die Spaßvögel werden enttäuscht sein zu erfahren, daß trotz aller Nationalklischees Berkeley sehr schlau und Hume sehr großzügig war.
Doch beginnen wir mit ***John Locke*** (1632–1704), der meinte, Gegenstände hätten zwei Arten von Eigenschaften:
1. Primäre Eigenschaften wie Ausdehnung, Festigkeit und ihre Anzahl, die mit den Gegenständen untrennbar verbunden seien und ihnen innewohnten; und
2. sekundäre Eigenschaften wie Farbe, Geschmack und Geruch, die nur scheinbar den Gegenständen, in Wirklichkeit aber dem Wahrnehmenden innewohnen. (Jeder, der einmal an einem mit Gülle gedüngten Feld vorbeigekommen ist, mag das bezweifeln.)

Was man jedoch mit solchen Eigenschaften wie extremer Häßlichkeit tun soll, die sowohl weitverbreitet als auch objektiv zu sein scheint, weiß keiner.

Locke glaubte auch, daß wir keine angeborenen Ideen hätten (so daß der Verstand des Kindes eine *tabula rasa* ist, ein leeres Blatt – was allerdings auch bei vielen Erwachsenen der Fall zu sein scheint) und daß unser gesamtes Wissen von der äußeren Welt entweder unmittelbar der Erfahrung entstamme oder mittelbar durch Reflexion erlangt werde. Das brachte ihn allerdings in Schwierigkeiten, hochabstrakte Begriffe wie Zahl, Unendlichkeit und Kursbücher zu erklären.

George Berkeley (1685–1753) war trotz des Handikaps, Ire und Bischof zu sein, radikaler. Er meinte, nur das, was man wahrnehme, existiere auch (»Esse est percipi«: versuchen Sie, das zu behalten). Er glaubte an diese außergewöhnliche Idee, die er wohl einfach für allgemein anerkannt hielt, weil es unmöglich ist, etwas zu denken, das nicht wahrgenommen wird; denn in dem Versuch, etwas als nicht wahrgenommen zu denken, nimmt man es schon wahr, indem man es denkt.

Menschen, die eine derartige Auffassung vertreten, nennt man ***Idealisten*** (→ Glossar). Wie vieles in der Philosophie erscheinen sie mehr oder weniger verrückt; G. E. Moore bemerkte einmal, Idealisten glaubten, Züge hätten nur Räder, solange sie sich im Bahnhof befinden, da sie sie nicht mehr sehen können, wenn sie eingestiegen sind. Entsprechend könnte man auch zu der interessanten Schlußfolgerung kommen, daß Menschen nur dann einen Körper haben, wenn sie nackt sind, eine Vorstellung, die, wenn sie zutrifft, viele männliche Spekulationen überflüssig macht.

Die Folge derartiger Anschauungen ist eine Art Skeptizismus, und hier kommt nun ***Hume*** (1711–1776) ins Spiel. Hume veröffentlichte sein erstes Buch, den *Traktat über die menschliche Natur*, 1739, und war ein wenig beleidigt, als niemand davon Notiz nahm. Doch er ließ sich nicht abschrecken und schrieb eine Neufassung, die er unter einem anderen Titel *(Untersuchung über den menschlichen Verstand)* veröffentlichte. Sofort horchten nun die Leute auf. Zu den nützlichen Dingen, die man

über Hume wissen sollte, gehört, daß er als erster die Ursachen unter die Lupe nahm: Ursache und Wirkung sind lediglich die Bezeichnungen, die wir Ereignissen oder Tatsachen geben, welche wiederholt als miteinander verbunden beobachtet wurden: »ständige Verknüpfung«. Zeigen Sie, daß Humes drei Formulierungen dieses Prinzips in der *Untersuchung* nicht gleichwertig sind: Der ersten zufolge sind Ursachen *notwendige* Bedingungen für ihre Wirkungen; in der zweiten sind es *hinreichende* Bedingungen; die dritte schließlich scheint zweideutig zu sein; Sie können auch darauf hinweisen, daß dieses Prinzip nicht unterscheidet zwischen Ursachen und Nebenwirkungen. Hume glaubte außerdem, daß freier Wille und Determinismus miteinander vereinbar seien: Ziehen Sie dies vorsichtig in Zweifel.
Damit sind wir ans Ende des historischen Teils dieser Untersuchung gelangt: Die Philosophen des 20. Jahrhunderts werden in einem späteren Kapitel behandelt (mit ein wenig mehr Vorsicht, da viele von ihnen noch leben und daher vor Gericht gehen könnten).

Wie die Philosophen starben

Soviel zum Leben der Philosophen. Den Epikureern zufolge hat der Tod keine Bedeutung – doch ihrer Ansicht zum Trotz fügen wir aus Gründen der Vollständigkeit hier die folgende Auflistung merkwürdiger philosophischer Todesarten ein.

Empedokles. Um seinen Tod ranken sich zwei Überlieferungen. Der einen zufolge starb er an einem Beinbruch; die andere hingegen behauptet, er sei in den Krater des Ätna gesprungen, um zu beweisen, daß er ein Gott sei. Inwiefern dies als Beweis gelten sollte, wird nicht berichtet.

Heraklit hingegen zog sich ein Ödem zu, weil er sich in einer Anwandlung von Misanthropie auf einen Berg begab und dort von Gras und Pflanzen lebte. Als ihm die Ärzte mitteilten, daß er unheilbar krank sei, übernahm er selbst seine Behandlung und verlangte, man möge ihn zunächst von Kopf bis Fuß mit Mist bedecken und dann nach draußen bringen (vielleicht war es auch einfach so, daß ihn niemand drinnen haben wollte). Dem Historiker Diogenes Laertes zufolge »gelang es ihm nicht, den Mist abzustreifen, und da er unkenntlich war, verschlangen ihn die Hunde.« Womöglich hätten sie es nicht getan, wenn sie gewußt hätten, wer er war.

Erwähnen Sie niemals den Tod des ***Sokrates*** durch den Schierlingsbecher in einem Athener Gefängnis, da sowieso jeder darüber Bescheid weiß; falls aber jemand auf dieses leidige Thema zu sprechen kommt, weisen Sie darauf hin, daß die Beschreibung dieses Todes in Platons *Phaidon* keineswegs mit der bekannten Wirkung des Schierlings übereinstimmt. Also hat jemand gelogen.

Pythagoras wurde ein Opfer seiner radikalen vegetarischen Ernährungsweise. Verfolgt von mehreren unzufriedenen Kunden, gelangte er zu einem Bohnenfeld. Anstatt nun aber die Bohnen niederzutrampeln, blieb er wie angewurzelt stehen und wurde gelyncht.

Krinis der Stoiker (eine Schule, die für ihren Gleichmut und ihre Unempfindlichkeit gegenüber irdischen Ängsten berühmt war) starb vor Schreck, als er eine Maus quieken hörte. Die stoische Philosophie ist darüber nie richtig hinweggekommen.

Nach dem Zeitalter der klassischen Antike fällt das Niveau der philosophischen Tode merklich ab, obwohl es vielleicht erwähnenswert ist, daß der ***Aquinat***, ähnlich wie vor ihm Epikur, sein Leben auf dem Klo aushauchte.

René Descartes schließlich wurde das frühe Aufstehen zum Verhängnis. An den Hof der Königin Kristina von Schweden gelockt, mußte er zu seinem Entsetzen feststellen, daß Ihre Majestät jeden Tag unterrichtet zu werden wünschte – und die einzige Tageszeit, die dafür zur Verfügung stand, war fünf Uhr morgens. Diese Anstrengung brachte ihn um.

Die Grundfragen der Philosophie

Von Anfang an sollte Ihr Philosophieverständnis die Ontologie – das heißt die Beschäftigung mit dem »Was ist« – einschließen. Ein weiteres Muß ist die Erkenntnistheorie, die sich der Frage widmet, wie wir darüber etwas wissen können. Diese Begriffe können auf verschiedenste Art und Weise verwendet werden, und der Anfänger im Bluffen tut gut daran, ein paar Grundregeln zu beachten, um nicht in Schwierigkeiten zu geraten; der Fortgeschrittenere hingegen dürfte auch ohne sie zurechtkommen.

Die Erkenntnistheorie wird häufig mit den Namen einzelner Philosophen in Verbindung gebracht – zum Beispiel »Platons Erkenntnistheorie« oder »Kants Erkenntnistheorie«. Da die Ontologie seltener einzelnen Persönlichkeiten zugeschrieben wird, sollten Sie dieses Wagnis möglichst vermeiden, es sei denn, Sie wissen hundertprozentig, daß Ihr Gesprächspartner noch weniger Ahnung hat als Sie.

Der Amerikaner ***Quine*** (Williard van Orman Quine: nennen Sie ihn »Quine« oder, wenn Sie sich sehr sicher fühlen, »van Quine«) hat festgestellt, daß vierjährige Kinder in der Regel alle wichtigen philosophischen Fragen aufwerfen. Sie lauten:

1. »Was ist?« (Ontologie)
2. »Woher weißt du das?« (Erkenntnistheorie)
3. »Warum soll ich?« (als ethische Frage zu deuten).

Kinder haben im Grunde kein Verständnis für Metaphysik, was wahrscheinlich gut ist. Doch die bekannteste und irritierendste Kinderfrage, nämlich »Warum?«, ist auch die Grundfrage der Philosophie.

Ebenen und Metaebenen

»Meta« ist ein Wort oder besser eine Vorsilbe, die für den ambitionierten Bluffer lebenswichtig ist. Es gibt sie, seit Aristoteles die **Metaphysik** erfunden hat. Die wörtliche Bedeutung des griechischen »meta« ist »mit« oder »nach«, und die »Metaphysik« des Aristoteles handelte von den Dingen, die nach der »Physik« kommen. Manchmal wird man mit der Vorstellung konfrontiert, sie habe so geheißen, weil sie Wahrheiten auf tieferer, geheimnisvollerer, grundlegenderer Ebene enthalte als die »Physik«. Doch das ist vollkommen falsch. Wahr ist, daß die »Metaphysik«-Bände in der zumeist herangezogenen ersten Ausgabe der Werke des Aristoteles (besorgt von einem gewissen Andronikos von Rhodos) unmittelbar auf jene folgten, in der die »Physik« abgehandelt wurde. Diesem historischen Zufall – verbunden mit der Tatsache, daß niemand einen anderen passenden Namen für das Sammelsurium von Logik, Theologie, Erkenntnistheorie und Matemathik fand, aus dem die Aristotelische Metaphysik besteht – verdanken wir es, daß der Terminus »meta« eine tiefere Ebene bezeichnet.

Wenn man also Metamathematik betreibt – wovon unbedingt abzuraten ist –, untersucht man nicht die Theoreme und Beweise der Mathematik selbst, sondern die Voraussetzungen für deren Annahme und ihre ***formale Struktur***. So handelt es sich auch bei der Metaethik nicht um die Untersuchung dessen, was wir tun sollten, sondern der Eigenschaften jener Theorien, die uns sagen, was wir tun sollten.
Daraus geht wohl deutlich hervor, daß »meta«, richtig angewendet, ein Instrument mit verheerender Wirkung für das Gespräch sein kann.
Eine Metasprache ist eine Sprache, in der man die Struktur einer anderen Sprache, der sogenannten Objektsprache, erörtert. Vielleicht lassen Sie die Bemerkung fallen, daß die Objektsprache häufig in der Metasprache enthalten ist, aber niemals umgekehrt – wobei Sie sich nicht darum zu kümmern brauchen, was das bedeutet. Der letzte Satz, in dem wir die Metasprache erörtert haben, war also ein Beispiel für Metametasprache; und dieser letzte Satz wiederum … ja, Sie haben es erfaßt. Somit entsteht die Möglichkeit eines ***unendlichen Regresses***, was auf philosophischer Ebene dem Versuch entspricht, mit dem Kopf gegen die Wand zu rennen.
Mit ein wenig Übung können Sie leicht Ihre eigenen Metadisziplinen kreieren. Jedoch gibt es keinen Zweifel daran, daß die Metaphysik die wichtigste unter den ernstzunehmenden »metas« ist.

Metaphysik

In der Metaphysik geht es um das, was *wirklich* ist (im Gegensatz zu dem, *was ist* – wobei es sich natürlich um Ontologie handelt). Um das also, was die Menschen in unbedachten Augenblicken häufig als die der Welt zugrundeliegende Struktur bezeichnen. So ausgedrückt klingt das aber ein wenig wie die zeitgenössische Teilchenphysik, wenn auch offensichtlich nicht ganz so verrückt, und in gewissem Sinne wurde die traditionelle

Metaphysik ja auch von der modernen Naturwissenschaft in Beschlag genommen. Metaphysik ist schwierig; wenn die Positivisten recht haben, ist sie sogar unmöglich. Tatsächlich kommt es immer häufiger vor, daß man selbst nach einem dreijährigen Universitätsstudium nicht die leiseste Ahnung hat, worum es sich handelt. Als Bluffer hingegen brauchen Sie nur ganz ungefähre Vorstellungen davon zu haben – wichtig ist aber auch hier, daß Sie eindeutige Positionen vertreten.

Ob es einen Gott gibt, was Substanz ist, die Struktur kausaler Verbindungen, ob es bei der Deutschen Bahn AG jemanden gibt, der eine Ahnung von Fahrplänen hat: All das könnte man als im weitesten Sinne metaphyische Fragen bezeichnen, was aber unter anderem heißt, daß sie keine eindeutigen Antworten zulassen. Das war es auch, was die ***logischen Positivisten***, eine Gruppe von Wiener Philosophen wie zum Beispiel Carnap, Popper (s. u.), die in der Zeit zwischen den Weltkriegen aktiv waren, daran auszusetzen hatten.

Wenn Sie über Metaphysik sprechen oder (was sicherer ist) sie beiläufig in einem Nebensatz erwähnen, bieten sich zwei Herangehensweisen an. Sie können die Existenz eines derartigen »Hirngespinstes« schlichtweg leugnen – wobei sich ein nachsichtiges Lächeln empfiehlt – und auf die nützlichen Gegenargumente der ***Positivisten*** zurückgreifen. Oder Sie bringen Ihre Bemerkungen zu diesem Thema mit einer Miene vor, als würden Sie in ein unsagbares Geheimnis eindringen. Der Frühe Wittgenstein (s. u.) eignet sich hervorragend für die erste Methode; der Späte für die zweite. Wittgenstein ist übrigens immer gut, schon aus dem einfachen Grunde, weil fast jeder von ihm gehört, aber nahezu niemand ihn tatsächlich gelesen hat und die wenigsten glaubhaft machen können, ihn verstanden zu haben.

Was die Positivisten betrifft, so liefert ihr Prinzip der Verifizierbarkeit das beste Material. Dieses Prinzip besagt, daß wir die Bedeutung eines Satzes nur dann kennen, wenn wir wissen, unter welchen Bedingungen er wahr wäre. Falls es keine Möglichkeit gibt, ihn zu verifizieren, zumindest prinzipiell, dann ist der Satz sinnlos.

Diese Methode hat die verheerende – und keineswegs unangenehme – Wirkung, daß nahezu die gesamte traditionelle Metaphysik sowie ein Großteil der Aussagen von Ökonomen und katholischen Geistlichen buchstäblich sinnlos werden.

Ethik

Eine der großen Freuden im Leben eines Philosophen ist die Tatsache, daß er jedem (nicht nur Kindern und Hunden) sagen kann, was er tun sollte. Das ist Ethik. Allgemein gesprochen – und das werden Sie sicherlich tun –, gibt es im wesentlichen zwei Arten der ethischen Theorie. Entweder Sie sind
– Vertreter der Zweckethik oder
– Vertreter der Wertethik.

Nach Ansicht der ***Zweckethiker*** wird die moralische Qualität des Handelns allein von den Folgen bestimmt. Dagegen behaupten die ***Wertethiker***, daß man bestimmte Dinge tun und andere unterlassen sollte, und zwar unabhängig davon, welches die tatsächlichen und wahrscheinlichen Folgen dieses Handelns sind. Die berühmteste Variante der Zweckethik ist der Utilitarismus, der im letzten Jahrhundert seine klassische Ausprägung durch ***Bentham*** und ***Mill*** erfahren hat und immer noch sein Unwesen treibt.

In ihrer klassischen Form behauptet die utilitaristische Ethik, man müsse so handeln, daß man das Bestmögliche für die größte Zahl von Menschen erreiche. Wie dieses Beste definiert wird und von wem; was zu tun ist, wenn es mehrere einander widersprechende Ziele gibt; ob die Gesamtzahl der betroffenen Menschen eine Rolle spielt, und wenn ja, wie – all das sind nur einige Grundprobleme bei der Interpretation dieser Lehre.

Die prinzipielle Schwierigkeit beim Utilitarismus und bei jeder seiner Spielarten (er tritt in zahlreichen Geschmacksrichtungen auf) besteht darin, daß er in Problemfällen zu Ergebnissen führt, die jedem spontanen Empfinden zuwiderlaufen. Versuchen Sie es bei jemandem, der behauptet Utilitarist zu sein, einmal mit der folgenden Argumentation: Angenommen, da sind drei Menschen, bei denen jeweils ein lebenswichtiges Organ unheilbar erkrankt ist, während Sie offensichtlich vor Gesundheit nur so strotzen. Als Utilitarist müßten Sie nun bereit sein, sich ins Krankenhaus schleppen, aufschneiden und Ihre gesunden Organe in die Körper Ihrer leidenden Freunde transplantieren zu lassen, womit ein Nettogewinn von zwei Leben erzielt würde. Gegner des Utilitarismus vermuten, nicht zu Unrecht, daß Sie bei diesem Gedanken nicht gerade glücklich wären.

Der Vorteil des Utilitarismus besteht darin, daß er, zumindest von seiner Grundidee her, ziemlich geradlinig ist. Dennoch ist eingewendet worden, daß ein überzeugter Zweckethiker seine ganze Zeit darauf verwendet, die genaue Wirkung seines jeweiligen Handelns zu berechnen, und somit zu gar nichts kommt. Im allgemeinen ist es keine gute Idee, zu behaupten, das sei ja gerade ein Vorteil dieser Theorie.

Wertethiker sind dagegen um einiges lästiger. Offensichtlich besteht die Schwierigkeit darin, darzulegen, welche Pflichten und damit verbundene Rechte es eigentlich gibt. Darüber herrscht nur wenig Konsens, und wir kommen nun zur Debatte zwischen ***Subjektivisten*** und ***Objektivisten***: Wird die Moral, wie die Objektivisten behaupten, durch eine besondere Fähigkeit erkannt, oder ist sie einfach eine Sache der Konvention und in mehr oder weniger zufälliger Weise enstanden, um soziales Handeln und die meisten Formen antisozialen Handelns zu ermöglichen? Es lohnt sich, diesen Punkt ein wenig näher zu betrachten.

Wenn Sie sich für die subjektivistische Position entscheiden, sollten Sie sich bewußt sein, daß diese Sie, wenn Sie nicht ausgesprochen geschickt taktieren, wahrscheinlich auf einen ***kulturellen Relativismus*** festlegt, eine Haltung, die nicht ohne Gefahren ist. Ein Kulturrelativist vertritt die Ansicht, daß keine Gesellschaft das Recht hat zu sagen, was für eine andere richtig oder falsch ist – ein Standpunkt, der einem die Freude am Leben nimmt und gewissen Interessengruppen sehr gelegen kommt (wie das gegenwärtige Verhalten der deutschen Regierung gegenüber den Chinesen deutlich zeigt). Daraus folgt nämlich, daß Kindstötung und Infibulation in z. B. Göttingen ein wenig gegen die Ordnung verstoßen mögen, in Neuguinea hingegen vollkommen okay sein können. Damit kommen Sie möglicherweise in Teufels Küche, insbesondere bei Feministinnen.

Doch wie auch immer Sie über den Ursprung der Moral denken mögen, Sie sollten Position gegenüber der Theorie der Moral beziehen – was uns wieder zur Wertethik zurückführt. Wenn es um deren klassische Spielarten geht, sollten Sie unbedingt den Namen ***Kant*** ins Spiel bringen sowie seinen berühmten kategorischen Imperativ. Letzterer taucht in seinem Werk mehrfach und in verschiedenen Formulierungen auf, was für den Bluffer von großem Vorteil ist. Das Prinzip wird jedoch meist in der folgenden, vielleicht ein wenig kryptischen Art formuliert:

»Handle nur nach derjenigen Maxime, von der du zugleich wollen kannst, daß sie zum allgemeinen Gesetz werde.«

Dies wird in der Regel so interpretiert, daß man nur solche Dinge tun solle, die, wenn sie jeder täte, einem nichts ausmachen würden. Das könnte allerdings einige Schwierigkeiten bereiten. Sie würden vielleicht gerne ein Nickerchen machen, hingegen würde Ihnen vermutlich der Gedanke, daß der Rest der Welt sich zu Ihnen ins Bett legt, weniger gefallen.

Die wichtigsten Verfechter der Wertethik sind heutzutage die Kirchen und einige Gruppierungen innerhalb der Konservativen. Philosophen, die zum größten Teil – zumindest in ihrem Privatleben – amoralische Gauner sind (dies trifft insbesondere auf Moralphilosophen zu), denken weniger an Pflichten als an Rechte und entwickeln gern ***Rechtstheorien***. Sie haben ein Recht, insofern es entweder etwas gibt, das Sie verdienen, oder etwas, von dem Sie sich befreien dürfen.

Ein wichtiges Prinzip der meisten Rechtstheorien ist die »Universalisierbarkeit«: ein Wort, das sich aufgrund seiner Länge hervorragend dazu eignet, immer wieder einmal eingeworfen zu werden. Es bedeutet, daß Sie oder ich ein Recht nur für den Fall haben, daß jeder dieses Recht hat. Wenn Sie daher Anhänger der Rechtstheorie und der Universalisierbarkeit sind, müssen Sie ziemlich vorsichtig sein, welche Rechte Sie für sich beanspruchen. Schließlich könnte es sein, daß irgendein x-beliebiger Hanswurst diese Rechte ebenfalls einfordert.

Eine weitere methodische Unterscheidung, die zu treffen nützlich sein kann, ist die zwischen handlungsorientierten und personenorientierten Ethiktheorien. Wie Sie vielleicht schon ahnen, geht es darum, ob das wirklich Entscheidende der Moral darin besteht, was wir tun, oder darin, wer wir sind (denn wie wir alle wissen, können die schäbigsten Blutsauger gelegentlich Dinge tun, die wir gutheißen, selbst Rechtsanwälte).

Ganz allgemein empfiehlt es sich, eine Reihe von unorthodoxen (und provozierenden) Ansichten parat zu haben, insbesondere zu den Problemen der sogenannten Bioethik. Die Probleme der Bioethik sind das Ergebnis solcher Fortschritte wie Reagenzglasbabys, Leihmutterschaft, Experimente am Fötus und dergleichen. Auch die Möglichkeit des Klonens ist ein bioethisches Problem. Euthanasie, die in der einen oder anderen Form seit dem Auftreten des Menschen praktiziert wurde, wird aus irgendeinem Grund ebenfalls häufig als bioethisches Problem betrachtet. Weisen Sie dies in gebührender Weise zurück. Es gibt eine landläufige Unterscheidung zwischen aktiver und passiver Euthanasie. Die erstere beinhaltet tatsächliches Töten, die letztere lediglich das Sterbenlassen. Versuchen Sie Ihr Glück mit dem Argument, daß es sich dabei um Haarspalterei handelt. »Schließlich *ist es das Ziel* des Arztes, der eine weitere Behandlung verweigert, daß der Patient stirbt; und das, obwohl er die Mittel besitzt, das Leben zu verlängern. Durch sein Nichthandeln ist er genauso verantwortlich für den Tod des Patienten, als wenn er ihm ein Fleischmesser in die Brust gestoßen hätte.« Eine subtilere Variante dieses Arguments ist die Behauptung, passive Euthanasie sei eigentlich noch *unmoralischer* als aktive, die schließlich auf humane und schmerzlose Weise durchgeführt werden könne; bei der passiven

Euthanasie aber sterbe der Patient sicher unter extremen Schmerzen. Dieses Argument ist besonders wirksam Ärzten gegenüber – sie werden vor Wut im Dreieck springen, was einen sehr unterhaltsamen Anblick bietet. Das Gebiet der Ethik erfordert argumentative Erfindungsgabe. Dies ist durchaus mit Risiken verbunden, die sich jedoch unter Umständen auszahlen. Wählen Sie eine moralische Position, stützen Sie sie mit passenden Beweisen (sie müssen nicht *folgerichtig* sein, hingegen sind *gültige* Beweise durchaus hilfreich – zu dieser wichtigen Unterscheidung → Glossar), und schon haben Sie keine Probleme mehr. Und wahrscheinlich auch keine Freunde, wie Sie bald feststellen dürften. Sie könnten zum Beispiel erklären, daß die Ehe unmoralisch ist. Das läßt sich erstaunlich leicht belegen und hat eine erfreulich irritierende Wirkung – besonders auf Jungvermählte und ihre Eltern –, doch wir überlassen es Ihnen, sich die Einzelheiten auszudenken. Bluffen ist eine schöpferische Tätigkeit.

Logik

Die Logik ist ein wichtiger Zweig der philosophischen Forschung. Sie jedoch an der Universität zu studieren, ist höllisch schwer und keinesfalls zu empfehlen. Sie müssen lediglich wissen, daß sie solange kein Problem darstellte, als jeder sich mit den aristotelischen Syllogismen beschäftigte; doch im letzten Jahrhundert ging alles den Bach runter, und zwar wegen der Entwicklung der mathematischen Logik, insbesondere durch ***Gottlob Frege*** (ein Name, dessen beiläufige Erwähnung sich immer lohnt, auch wenn der Mann ein antisemitischer Protofaschist war), ***Russell*** und ***Whitehead*** (s. u.). Die neue Logik könnte viel mehr leisten (methodisch gesehen kann sie die Logik der Beziehungen behandeln – das heißt der Beziehungen zwischen Dingen, also nicht die Gedankengänge Ihres Schwiegervaters), ist jedoch viel zu mühsam.
Die ganze Sache wurde noch schlimmer, als weitere Logiken entstanden, die amüsanterweise manchmal

auch als Abweichende Logiken bezeichnet werden. Diese erhöhen die Zahl der Wahrheitswerte und stellen die Gültigkeit bestimmter traditioneller Logikgesetze in Frage, so etwa das Gesetz vom ausgeschlossenen Dritten, welches (grob) besagt, daß alles entweder ist oder nicht ist. Lassen Sie sich unter keinen Umständen auf dieses Thema ein.
Neben der Formalen Logik und – natürlich – Metalogik gibt es noch die ***Philosophische Logik***. Hierbei handelt es sich um ein weites Gebiet, das sehr verwirrend ist, etwa wie die Nationalökonomie, und deshalb sollte man um beide einen großen Bogen machen. Vielleicht wissen Sie bereits, daß eins ihrer zentralen Themen die ***Theorie der Bedeutung*** ist, doch wir haben da einige Zweifel. Sie können so weit gehen, mit Bedauern festzustellen, daß keine der gegenwärtigen Semantiktheorien befriedigend ist, doch versuchen Sie auf keinen Fall, zu erklären, warum. In der Regel befindet man sich mit dieser Bemerkung auf sicherem Terrain, denn eines der hervorstechenden Merkmale der Philosophie ist, daß nichts in ihr vollkommen befriedigend ist.

Erkenntnistheorie

Das einzige, was Sie wirklich über Erkenntnistheorie wissen müssen, ist, daß sie nichts zur Erkenntnis beiträgt. Die Frage: »Aber wie können wir wissen, daß wir das wissen?« kann bisweilen sehr wirkungsvoll sein, sollte aber nicht überstrapaziert werden.

Religionsphilosophie

Wie so oft in der Philosophie, handelt es sich auch hierbei eher um eine destruktive als um eine konstruktive Fragestellung. Leute mit ausgeprägter religiöser Überzeugung eignen sich hervorragend als Opfer für den guten Bluffer in Sachen Philosophie. Denn sie sind zwar

in der Regel sehr sensibel und leicht zu verletzen, aber fast immer zu höflich, um einem Vorwürfe zu machen. Wenn Sie sich nicht mit der Frage auseinandersetzen wollen, ob Gott existiert und falls ja, was für eine Rolle er zu spielen glaubt, dann lenken Sie das Gespräch am besten auf das Problem des Bösen in der Welt: Wenn Gott uns und die Welt liebt, warum sind wir und die Welt dann so unsagbar mies?
Eine elegante, formal reizvolle Variante dieses Arguments lieferte ***Lactantius***:
Wenn es das Böse gibt (und unter der Voraussetzung, daß Gott die angenommenen Eigenschaften besitzt), dann gibt es folgende Möglichkeiten:
1. Gott weiß es, macht sich darüber Gedanken, kann jedoch nichts daran ändern.
2. Er würde sich Gedanken darüber machen, könnte etwas daran ändern, doch er weiß es nicht.
3. Er weiß es, könnte etwas daran ändern, macht sich aber keine Gedanken darüber.

Wissenschaftstheorie

Da die Philosophie im wesentlichen eine Metabeschäftigung ist, kann es Philosophien über alles und jedes geben – die Wissenschaft bildet da keine Ausnahme. Wie entwickeln Wissenschaftler Theorien? Wie sieht das Verhältnis zwischen Theorie und Beweis aus? Was ist unter experimenteller Methode zu verstehen? Wie gewinnt eine Theorie die Oberhand über eine andere, ohne daß Geld dabei im Spiel ist? Diese und ähnliche Fragen gehören in das Gebiet der Wissenschaftstheorie. In den letzten fünfzig Jahren hat sie eine Blütezeit erlebt, teils weil sie den Philosophen das ihnen sonst unbekannte Gefühl gibt, daß ihr Tun für irgend etwas von Bedeutung ist, teils, weil sich hier ein weiteres Gebiet eröffnet, wo sie den Leuten sagen können, was Sache ist. ***Karl Popper*** (ein Name, der sich immer gut macht) nimmt bei der Entwicklung der neuesten Fragestellungen eine herausragende Stellung ein. Seiner Meinung nach können Theorien niemals verifiziert (d. h. als wahr bewiesen) werden; sie können nur falsifiziert werden (d. h. es kann bewiesen werden, daß sie in den Papierkorb gehören). Der Grund *hierfür* liegt darin, daß keine noch so große Menge empirischer Beweise jemals den Zweifel daran beseitigen kann, daß die Welt sich auch weiterhin so verhalten wird, wie man es bisher immer beobachten konnte; ein einziges negatives Ergebnis hingegen wie zum Beispiel Wasser, das bei minus elf Grad Celsius kocht, oder ein eßbares Brötchen in einem Zug der Deutschen Bahn AG kann eine ganze Theorie falsifizieren. Der Grund hierfür wiederum, so Popper, ist der, daß echte Theorien aus universell quantifizierten Verallgemeinerungen bestehen bzw., verständlicher ausgedrückt, aus Sätzen wie »Jedes Soundso ist soundso«. Laut Popper vollzieht sich der Fortschritt in der Wissenschaft durch kühne Hypothesen (»Die Welt besteht ganz aus Käse«), denen schlüssige Widerlegungen folgen (»Das kann nicht sein: dieses Stück würde nicht auf mein Brötchen passen). Bei diesem Standpunkt ergibt sich aber die Schwierigkeit, daß die Annahme, je kühner sie ist, auch um so wackliger ist.

Verschiedene Leute haben dazu andere Ansätze angeboten. Es empfiehlt sich zum Beispiel, den Namen ***T. S. Kuhn*** zu erwähnen, der lieber von Wissenschaftlichen Revolutionen spricht, zu denen die sogenannten Paradigmenwechsel gehören. Dieser Gedanke ist außerordentlich schwer nachzuvollziehen und daher von unschätzbarem Wert. Grob gesprochen ist damit gemeint, daß die Leute plötzlich einfach beschließen, die Welt auf eine andere als die bisher übliche Weise zu sehen.

Erwähnenswert ist auch ***Paul Feyerabend***, der sich als methodischen Anarchisten bezeichnete und die Wissenschaftler aufforderte, sich bei ihrer Forschung die Maxime »anything goes« zu eigen zu machen.

Die Philosophie der Gegenwart

Die Philosophie auf dem europäischen Kontinent

Bei der kontinentaleuropäischen Philosophie gibt es zwei Spielarten, nämlich die französische und die deutsche. Die vielleicht wichtigste philosophische Strömung der jüngsten Zeit ist der **Existentialismus**, der sowohl französische als auch deutsche Anhänger hatte. Der bedeutendste französische Vertreter dieser Richtung war **Sartre** (1905–1980), der mit beneidenswert vielfältigen Talenten gesegnet war und die Philosophie mit aktiver marxistischer Politik sowie dem Schreiben von Romanen und Theaterstücken verband und außerdem über ein ungeheures Fassungsvermögen in Hinblick auf Alkohol verfügte. Er prägte den Slogan »Das Sein hat den Vorrang vor dem Wesen«. Das heißt, grob gesprochen, daß wir uns weniger damit beschäftigen sollten, *wie* die Dinge sind, als mit der Tatsache, *daß* sie sind. Die Existentialisten lehnen Klassifizierungen ab und be-

tonen die Autonomie des einzelnen; daher sind sie auch meist beleidigt, wenn man sie als Existentialisten bezeichnet. Der Existentialismus, zumindest die französische Variante, ist eng mit der Literatur verbunden, deren wichtigste Vertreter Camus und Sartre selbst sind. Diese Literatur kreist meist um den Begriff des *acte gratuit*, des »Aktes der Freiheit« (verwenden Sie die französische Bezeichnung), welcher angeblich die existentialistische Bestätigung der eigenen Existenz im Kern charakterisiert. Für den neutralen Beobachter hingegen scheint er eher einer boshaften Laune entsprungen. Da der *acte gratuit*, jedenfalls in der Literatur, einen ungestümen, zumindest aber antisozialen Charakter hat, muß das Leben mit einem Existentialisten (besonders mit einem französischen) wohl ein wenig nervenaufreibend sein.

Die Deutschen – hier bietet es sich an, ***Martin Heidegger*** und ***Karl Jaspers*** zu erwähnen – sind von ganz anderem Schlage. Sie haben glücklicherweise keinerlei Ambitionen, sich literarisch zu profilieren, und heben ihre Verpflichtung gegenüber früheren Philosophen wie ***Kierkegaard*** und ***Edmund Husserl*** stärker hervor. Husserl war ein Deutscher, der um die Jahrhundertwende in systematischer und ziemlich teutonischer Weise die Phänomenologie entwickelte (d. i. der Versuch, unter der Oberfläche der Erscheinungen zu der grundlegenden Wirklichkeit unserer bewußten Wahrnehmung von den Dingen vorzudringen).

Doch kehren wir zurück zu ***Heidegger*** (1889–1976). Sein genialer Gedanke war, daß das Dasein mit dem Begriff des »In-der-Welt-Seins« treffend beschrieben wird. Weisen Sie Vorwürfe, Heideggers Philosophie sei banal, immer mit dem Argument zurück, er habe die Begriffe auf ihren »eigentlichen« Sinn zurückgeführt. Überhaupt ist »Eigentlichkeit« in Zusammenhang mit dem deutschen Existentialismus ein nützlicher Terminus. Vermeiden Sie aber, weitere Heideggersche Begriffe zu verwenden wie etwa »Platzhalter des Nichts« (für den Menschen) oder »Hirten des Seins« (ebenfalls der Mensch, diesmal aus einer späteren Sicht, die möglicherweise auf Heideggers Aufenthalt bei einem Bergbauern in den Alpen zurückgeht, mit dem er angeblich Tage gemeinsamen Schweigens verbrachte). Das Gespräch könnte eine unangenehme Wendung nehmen, indem man Ihr »In-der-Welt-Sein« anzweifelt.

Jaspers (1883–1969) war ursprünglich Mediziner und Psychopathologe – eine Tatsache, die »eigentlich« grundsätzlich dazu verleitet, seine philosophischen Äußerungen nicht besonders ernst zu nehmen. Doch auch er hatte einen bahnbrechenden Gedanken: Im Zentrum von allem stehe die »Existenz«. Und sein Hauptverdienst in Sachen Philosophie liegt angeblich darin, Welterkenntnis »in die Schwebe« gebracht zu haben – wobei sich die Frage aufdrängt, ob er sich damit nicht einfach nur als professioneller Philosoph ausgeben wollte. Jaspers glaubte, das höchste Ziel des Menschen sei die Transzendenz, ein Begriff, mit dem Sie immer gut dastehen. Aber Vorsicht: Wenn Sie mit einem Marxisten oder sonstigen Materialisten an einem Tisch sitzen, könnten Sie des Jenseitsglaubens bezichtigt werden, auch wenn Jaspers das natürlich niemals in diesem Sinne gemeint hat. Und wenn Sie das erklären müssen, sind Sie zu bedauern.

Der Existentialismus ist an keine Religion gebunden: Sartre war Atheist, Jaspers Christ; Heidegger war Nazi, doch das hat man wohlweislich in Vergessenheit geraten lassen.

Die Vertreter des ***Logischen Positivismus*** sind enger mit der angelsächsischen Tradition verbunden. Viele von ihnen flohen in den dreißiger Jahren vor Hitler nach Amerika, wo besonders ***Rudolf Carnap*** und ***Karl Hempel*** seit dem Krieg Einfluß ausüben, vor allem im Bereich der Wissenschaftstheorie.

Schließlich gibt es ein wichtiges Element des kontinentaleuropäischen Denkens, das bis jetzt noch nicht erwähnt wurde. Es handelt sich (der aufmerksame Leser wird es bereits bemerkt haben) um den ***Strukturalismus*** sowie um dessen ziemlich nebulösen Nachfolger, den ***Poststrukturalismus***.

Als Methode trat der Strukturalismus ursprünglich in der Linguistik mit ***Saussure*** auf und fand durch ***Lévi-Strauss*** Eingang in die Anthropologie. Seitdem hat er ständig Fortschritte gemacht, zumindest in den Proseminaren für Linguistik und Literatur. Heutzutage will fast niemand zugeben, Strukturalist zu sein, und es ist auch ziemlich schwierig, genau zu sagen, was darunter zu verstehen ist. Dennoch ist es wichtig, hier eindeutige Positionen zu vertreten. Charakteristisch für den Strukturalismus und Poststrukturalismus ist das Mißtrauen gegenüber akademischen Disziplinen und eine unverständliche Sprache. Zu den führenden Vertretern gehören: ***Roland Barthes*** (auf dem Gebiet der Literaturkritik und deren sozialen Weiterungen), ***Michel Foucault*** (Geschichte, Soziologie und schließlich Sex) und ***Jacques Derrida*** (Sprache, Literaturkritik, Rhetorik). Letzterer ist in vielerlei Hinsicht der interessanteste, wenn auch derjenige, der bis zur Schmerzgrenze kryptisch ist. Was seine denkerischen Fähigkeiten anbelangt, so gehen die Meinungen weit auseinander; je nach Geschmack gilt er als Genie oder als Scharlatan. Er hat insbesondere die analytischen (also die angelsächsischen) Philosophen verärgert, weil er zu zeigen versucht, daß die analytische Philosophie trotz ihrer sorgfältig kultivierten Oberfläche – das heißt ihrer Schärfe, Logik, eben ihrem analytischen, sachlichen Forschergeist – eine hochgradig tendenziöse, rhetorische, subjektive Sache sei. Hierzu verwendet er die Methode des sogenannten Dekonstruktivismus, die in Nordamerika zur Hauptbeschäftigung zu werden droht. Dabei geht es im wesentlichen darum zu beweisen, daß ein literarisches oder anderes Werk aus sich selbst fatale Widersprüche hervorbringt, die jedes darin vertretene Argument unterminieren.

Die angelsächsischen Philosophen

Die angelsächsischen Philosophen (die Finnen selbstverständlich eingeschlossen) leugnen meist, einer bestimmten Schule oder Sekte anzugehören, ja sie betrachten philosophisches Sektierertum gern als ein gefährliches Phänomen, das nur auf dem Kontinent auftritt und folglich ihre ganze Verachtung verdient. Trotzdem, sie hocken aufeinander, als suchten sie Schutz, und vielleicht glauben sie auch – möglicherweise zu Recht -, daß sie ihn brauchen.

Vor dem Ersten Weltkrieg waren die beiden wichtigsten Gestalten der britischen Philosophie wahrscheinlich ***Bertrand Russell*** und ***G. E. Moore***. Russell erwarb seinen Ruhm mit der Veröffentlichung der *Principia Mathematica*, die er gemeinsam mit ***A. N. Whitehead*** verfaßt hatte und die daher manchmal – ähnlich wie die maßgeblichen Bücher über Sex – als »Russell und Whitehead« zitiert werden. Es handelt sich dabei um eine ausgesprochen detaillierte Darstellung der formalen symbolischen Logik. Daher empfiehlt sie sich nicht als Lektüre für lange Bahnreisen, ja eigentlich ist ganz davon abzuraten.

Moore, der sich, was kryptisch klingende lateinische Titel betraf, nicht lumpen lassen wollte, antwortete mit den *Principia Ethica*, einer Abhandlung über Moralphilosophie, die große Wirkung ausübte. Darin vertrat er die Position, daß »gut« nicht definiert werden könne, sondern eine nichtnatürliche Qualität sei. Ein Begriff von Moore, der in diesem Zusammenhang häufig diskutiert wird, ist der des »Naturalistischen Fehlschlusses«. Doch es ist ziemlich schwierig, genau zu sagen, was das ist. Anscheinend meinte Moore, man könne ethische Begriffe nicht mit nichtethischen Begriffen definieren und ethische Aussagen nicht aus sachlichen, nichtethischen deduzieren.

Die Hauptbeiträge Russells zur Philosophie sind nicht zu verwechseln mit seinen Hauptinteressen, zu denen der Pazifismus und die Promiskuität gehörten. Letztere können in dem Sechziger-Jahre-Slogan »Make Love Not War« zusammengefaßt werden, an den sich Russell bis in ein beneidenswert hohes Alter hielt. Zu den ersteren zählen die Entdeckung des Russellschen Paradoxes (mit dem er einer Theorie den Garaus machte, die geringschätzig als naive Mengenlehre bezeichnet wird) sowie die Theorie der Beschreibungen. Bei letzterer handelt es sich um den Versuch, die Logik der natürlichen Sprache (merken Sie sich diese Formulierung) zu analysieren,

insbesondere aber das Problem der Eigennamen. Dieses existiert, wie die meisten philosophischen Probleme, nur für die Philosophen.
Die vielleicht folgenreichste philosophische Begegnung vor dem Ersten Weltkrieg fand 1912 statt, als der (Sehr) Frühe **Wittgenstein** Russell in Cambridge traf und ihn (Russell) fragte, ob er (der Sehr Frühe Wittgenstein) komplett verrückt sei; denn wenn dies der Fall sei, wolle er Flugzeugpilot werden. Russell erwiderte, er solle etwas schreiben; dies tat der Sehr Frühe Wittgenstein; Russell las eine Zeile davon und teilte ihm mit, er sei viel zu klug, um Pilot zu werden. Die Karriere des Sehr Frühen Wittgenstein in Cambridge wurde durch den Krieg unterbrochen, doch danach kehrte er als der Frühe Wittgenstein zurück und beherrschte für die nächsten dreißig Jahre das philosophische Leben nicht nur in Cambridge. Er war ziemlich exzentrisch und hegte eine Leidenschaft für gräßliche Filme. Zu seinen Lebzeiten wurde nur ein einziges Buch von ihm veröffentlicht, der *Tractatus Logico-Philosophicus*, in dem er Probleme wie beispielsweise die Struktur des Satzes, die Frage, welche Beziehung zwischen Sprache und Bedeutung besteht, und die Begriffe wahr und falsch erörterte. Bei seinen Forschungen gelangte er zu der Überzeugung, daß nur Sätze, die aus atomistischen Basissätzen mit logischen Bindewörtern zusammengesetzt sind, sinnvoll seien. Daher die Bezeichnung »Logischer Atomismus« für diese Art von Philosophie. Alles andere sei buchstäblich sinnlos – womit neben vielen anderen Dingen auch die Metaphysik hinfällig wird. Doch dies hat leider auch zur Folge, daß fast *der gesamte Tractatus* selbst ebenfalls sinnlos ist. Der Frühe Wittgenstein erkannte dies und erklärte deshalb, daß man sein Werk nur verstehen könne, wenn man schon ungefähr wisse, was er meine; und daß seine Philosophie eine Art Leiter sei, die man, sobald man hinaufgestiegen sei, wegwerfen solle. Viele Leute faßten diese Metapher wörtlich auf. Im letzten Satz faßt Wittgenstein sein ganzes Buch zusammen: »Worüber man nicht sprechen kann, darüber muß man schweigen«.

Danach gab er die Philosophie für eine gewisse Zeit auf, da er glaubte, alles gesagt zu haben. Doch später änderte er seine Meinung, und hier ist der entscheidende Punkt, an dem aus dem Frühen Wittgenstein der Späte Wittgenstein und somit die zweite wirklich einflußreiche Gestalt der Philosophie zwischen den beiden Weltkriegen (neben dem Frühen Wittgenstein) wird. Im *Tractatus* hatte Wittgenstein noch gemeint, Sätze hätten deshalb Bedeutung, weil sie wie Abbilder jener Tatsachen seien, auf die sie sich bezögen. Darin aber stimmte der Späte Wittgenstein nicht mit ihm überein. Dieser setzte Bedeutung mit Verwendung gleich und räumte ein, daß die normale Sprache nicht nur komplexer sei, sondern auch mehr Bedeutung habe, als der Frühe Wittgenstein ihr zugestanden hatte. Das postume Ergebnis hiervon sind die *Philosophischen Untersuchungen*. Wittgenstein starb 1951; seitdem gibt es eine nicht abreißende Flut von Notizbüchern, Vorlesungen, Besorgungslisten, Mitteilungen an seine Wirtin usw., welche ihm den außergewöhnlichen Ruf verleihen, zu Lebzeiten nur ein einziges Buch geschrieben zu haben, nach seinem Tod hingegen etwa fünfzehn. Und nichts deutet darauf hin, daß der Strom versiegt.

Nach dem Krieg war Oxford das Zentrum der Philosophie auf der Insel. Hier entstand nämlich eine mysteriöse Sache, die »Oxford-Philosophie« oder, etwas spöttisch, »linguistische Philosophie« genannt wurde. Deren Hauptvertreter waren ***Gilbert Ryle***, ein berühmter Pfeifenraucher, und ***J.L. Austin***, ein anderer berühmter Pfeifenraucher. Austin war bekannt für seine »Samstagvormittage«, bei denen eine Gruppe ausgezeichneter Philosophen beispielsweise sechs verschiedene Bedeutungen von Wörtern wie »Schubkarren« aufspürte.

Doch trotz alledem verlagerte sich das Hauptzentrum der angelsächsischen Philosophie (einschließlich des finnischen Teils) nach Nordamerika, eine Tatsache, die gewiß auch damit zu tun hat, daß an amerikanischen Universitäten enorme Gehälter gezahlt werden.

Ein paar nützliche Techniken

In diesem Kapitel erhalten Sie eine kurze Unterweisung in den grundlegenden Fertigkeiten des philosophischen Bluffers; weitere können Sie dem Rest des Buches entnehmen.

Die Frage

Es ist immer gut, wenn Sie Ihre Bemerkungen in Form einer Frage vorbringen, besonders wenn Sie keine Ahnung von dem haben, worüber Sie reden – was bei etwa 85 Prozent der philosophischen Diskurse der Fall ist. Anstatt lapidar zu behaupten: »Das setzt unwahrscheinliche Annahmen voraus«, stellen Sie lieber abwägend die Frage: »Meinen Sie nicht, daß dies ziemlich unwahrscheinliche Annahmen voraussetzt?«

2. Die Sicherheitsvorkehrungen

Legen Sie sich niemals fest. Wenn es möglich ist, verbindlichen Aussagen auszuweichen – und in der Philosophie ist das fast immer möglich –, tun Sie es. Halten Sie sich Fluchtwege offen. Diese Strategie hat den Vorteil, daß sie dem Bluffer die Aura intellektueller Redlichkeit verleiht. Man sollte sich Einschübe angewöhnen wie »zumindest erscheint es mir so« (wenn das gerade nicht der Fall ist) oder »ich neige zu der Annahme« (auch wenn Sie zu gar nichts dergleichen neigen) und »vielleicht spricht einiges dafür« (besonders wenn überhaupt nichts dafür spricht). Der echte Experte im philosophischen Bluffen – ob männlich oder weiblich – wird niemals Dinge sagen, die er nicht ruhig und gelassen zurücknehmen kann, sobald sich die Notwendigkeit dazu ergibt. In dieser Hinsicht kommt er dem Berufsphilosophen sehr nahe.

3. Die Vortragsweise

Es ist von großer Wichtigkeit, daß Sie Ihre Beiträge im richtigen Ton vorbringen: also langsam, gemessen und wohlüberlegt. Versuchen Sie, den Eindruck zu vermitteln, daß alles, was Sie sagen, sorgfältig durchdacht ist; Sie werden entdecken, daß das platteste Geschwätz sowohl intelligent als auch fundiert klingen kann.

4. Das Auftreten

Viele sonst sehr versierte Bluffer verschenken kostbare Punkte, weil sie diesem Aspekt nicht genügend Aufmerksamkeit widmen. Im großen und ganzen gibt es zwei Arten von Philosophen:
1) den korrekten, ordentlichen, tadellos gekleideten Übermenschen à la Nietzsche;
2) das unglaublich schmuddelige, schlampige, geistesabwesende menschliche Wrack.
Der zweite Typus begegnet einem vielleicht häufiger, doch auch der erste ist keineswegs out: Ein verbindliches, zivilisiertes und beherrschtes Verhalten kann sich unter Umständen sehr gut auszahlen, wohingegen der ausgesprochene Exzentriker erstaunlich schwer zu ertragen ist. Daher empfehlen wir Typ (1), sofern Sie nicht an einer gravierenden persönlichen Behinderung (wie etwa einem Quasimodo-Gesicht verbunden mit dem Kleidergeschmack von Woody Allen) leiden. (1) ist besonders Frauen zu empfehlen; man hört ihnen einfach besser zu.

5. Die Gliederung

Die Philosophie gilt als methodische Tätigkeit, die einen klaren Verstand erfordert und mit unerbittlicher Logik und großem Scharfsinn komplizierte und schwierige Dinge zu erhellen versucht (kaum zu glauben, aber so ist es!). Der wirklich ausgebuffte Bluffer vermag diesen Eindruck zu erwecken, obwohl er tatsächlich genau das Gegenteil praktiziert; und zu diesem Zweck bedient er sich der Gliederung. Die Bemerkung: »Daraus ergeben sich meiner Ansicht nach drei Fragen« ist ein guter Einstieg, besonders wenn sich eigentlich überhaupt keine Fragen ergeben. Wenn Ihnen mehr als drei einfallen, um so besser. Man kann kaum hoch genug ansetzen: Drei sind das absolute Minimum, vier angemessen; sechs oder sieben Fragen wirken sich erfahrungsgemäß vernichtend aus. Auf jeden Fall wird Ihr Gegner, wenn Sie sich genügend Fragen aus den Fingern gesogen haben, den Überblick verlieren.

6. Die Requisiten

Wir kommen nun zum Fortgeschrittenen-Stadium. Die meisten Enthusiasten, die schon die höheren Weihen besitzen, bedienen sich mindestens eines Requisits. Bei Männern ist die Pfeife das wirksamste und am vielseitigsten verwendbare Utensil. Viele echte Philosophen rauchen Pfeife, vermutlich aus einem ganz banalen Grund, den auch Sie berücksichtigen sollten: Wenn man Ihnen nämlich mit einer wirklich üblen Frage zusetzt oder Sie auf andere Weise in Verlegenheit bringt, brauchen Sie nur die Pfeife aus der Innentasche Ihres Jacketts zu ziehen (Sie werden feststellen, daß diese nach wenigen Tagen abscheulich aussieht, doch wie jeder, so muß auch der Bluffer um seiner Kunst willen gewisse Leiden auf sich nehmen), nachdem Sie eine einleitende Bemerkung in folgendem Stil vorausgeschickt haben: »Nun, was mir dabei wirklich wichtig erscheint, ist zumindest...«. Dann treffen Sie die Vorbereitungen zum Entzünden der Pfeife. Sie können sich dafür ruhig fünf

Minuten Zeit lassen, sogar mehr, wenn Sie einige Übung haben. Und wenn Sie beiläufig irgendeinen vollkommen unverbindlichen Kommentar einwerfen, während Sie die Pfeife ausklopfen, reinigen, bürsten, hindurchblasen, sie auseinandernehmen und wieder zusammensetzen, Tabak hineinfüllen, die Pfeife stopfen, anzünden, anziehen, sie erneut anzünden, nochmals stopfen, wieder anziehen und große, giftige Rauchwolken produzieren, wird niemand den Verdacht hegen, daß Sie Zeit gewinnen wollen. Machen Sie Ihre Sache gut, und Sie brauchen die Frage möglicherweise gar nicht zu beantworten.

Auch andere Requisiten und Marotten – eine Zigarette anbieten, die Brille reinigen, sich kräftig und lange schneuzen oder auch einen Hustenanfall simulieren – können nützlich sein, doch die Pfeife ist durch nichts zu schlagen; sie läßt aus irgendeinem Grund den Rauchenden wissend erscheinen.

7. Die Sprache

Suchen Sie sich ein paar Floskeln aus, die gut klingen, und verwenden Sie sie, bis sie ausgelutscht sind. Und beherzigen Sie immer eine Goldene Regel: Sagen Sie nichts auf Deutsch, was Sie auch in einer anderen Sprache sagen können (vorzugsweise Lateinisch oder Griechisch).

8. Zeit gewinnen

Es ist nie falsch, mit tiefem Ernst die Bemerkung fallenzulassen, daß man eingehender über eine Sache nachdenken müsse. Auch dabei schlagen Sie zwei Fliegen mit einer Klappe: Einerseits enthebt Sie dieser Trick der Verpflichtung, sich auf irgend etwas Verbindliches festlegen zu müssen, andererseits führt er dazu, daß sich Ihr Gegner intellektuell unterlegen fühlt.

9. Vortäuschen von Tiefgründigkeit

Natürlich (achten Sie auf das »natürlich«: richtig angewendet, ist dieses Wort im Gespräch eine schlagende Waffe) hängt dieser Kunstgriff eng mit der vorher genannten Technik zusammen: »Das ist viel komplizierter, als die meisten Menschen annehmen« eignet sich hervorragend für eine kritische Situation.

10. Erfindungsgabe

Sollten Sie jemals in eine Bredouille geraten, aus der es scheinbar kein Entrinnen gibt, unterschätzen Sie nicht die Kraft der reinen Erfindung. Irgend jemand hat einmal gesagt, daß es keine noch so absurde Position oder Lehre gebe, die nicht irgendwann einmal von irgendeinem Philosophen vertreten worden sei. Machen Sie diese weise Erkenntnis zu Ihrer Richtschnur, und erfinden Sie Philosophen nach Belieben. Ideal sind da die wenig bekannten britischen Metaphysiker des neunzehnten Jahrhunderts. Sie könnten sich beispielsweise des Herrn Henry Nobody bedienen, seines Zeichens Professor der Philosophie der Zuckermolke an der Universität von Leicester. Ein wunderbarer Mann, der neben dem Vorteil, daß er niemals wirklich existiert hat, die Eigenschaft besitzt, einem aus sämtlichen Schwierigkeiten herauszuhelfen. »Nun, es mag abwegig klingen, aber Nobody hat es gesagt« – so etwas funktioniert in der Regel wie im Traum.

Was Philosophie nicht ist

Ein weit verbreiteter Irrtum besteht darin, daß Philosophie eigentlich so etwas wie Religion sei. Daher empfiehlt es sich, darauf hinzuweisen, daß die Philosophie sich mit der Unterhöhlung und Infragestellung von Dogmen befaßt, während die Religion diese akzeptiert und untermauert.

Wenn Sie nicht aufpassen, werden Sie auch Leuten über den Weg laufen, die ein heftiges Interesse für die sogenannte »Östliche Philosophie« oder »Mystik« bekunden. Wenn Sie auf so einen Menschen stoßen, gibt es nur eins: Stellen Sie unmißverständlich klar, daß das, was Ihr Gesprächspartner unter östlicher Philosophie oder Mystik versteht, nicht das geringste mit Philosophie zu tun hat. Und beharren Sie mit aller Entschiedenheit darauf. Das heißt nicht, daß man die Anhänger dieser geheimen Kunst unterschätzen sollte. Einige Leute fahren sehr gut damit. Der Mystizismus ist ein lohnendes Geschäft.

Exkurs: Wie stelle ich mich als Mystiker dar?

1) Erfinden Sie ein paar sinnlose Paradoxa (etwa: »Das einzig wahre Licht ist in der Dunkelheit« oder »Jeder Schritt nach vorn ist ein Schritt zurück«).

2) Begründen Sie einen Standpunkt, indem Sie nichtssagende Sprüche klopfen (etwa: »Wer mit dem Goldfisch spricht, hat Glück, wenn er eine Antwort bekommt«), oder mit Sprichwörtern wie »Reden ist Silber, Schweigen ist Gold.«

3) Bekennen Sie Ihren Glauben an zumindest eine offensichtliche metaphysische Absurdität wie etwa die, daß Alles in dem Einen ist oder daß die Normale Wirklichkeit lediglich eine Schlechte Illusion ist im Vergleich zum Wahren Licht des Göttlichen. Denken Sie daran, daß Sie stets in Großbuchstaben sprechen.

4) Machen Sie dunkle Andeutungen, daß der Weg zur Erleuchtung, obgleich lang und beschwerlich, am Ende zum Ziel führt. Und daß eine gute Methode, ihn hinter sich zu bringen, darin besteht, stets physisch bei sich selbst zu bleiben.

5) Zeigen Sie allzeit ein gütiges Lächeln, das sich in nichts von einem leeren Grinsen unterscheidet.

Glossar

Denken Sie an die Goldene Regel des Bluffers: in einer Sprache ausgedrückt, die die Leute nicht verstehen, klingt alles besser. Dies gilt insbesondere für das Griechische und Lateinische:

Logik – ein sehr nützliches Wort. Es kann entweder ein formales System der Beweisführung (wie die aristotelische Syllogistik) oder aber, etwas weiter gefaßt, die argumentative Kraft eines Gedankenganges bezeichnen. »Worin besteht die Logik dieses Arguments?« ist eine nützliche Frage, wenn Sie Zeit gewinnen wollen, um sich aus einer Zwickmühle zu befreien.

Konsistenz – der Begriff ist eine großartige Waffe im Arsenal des Bluffers. Zwei oder mehr Sätze sind inkonsistent, wenn sie nicht alle zugleich wahr sein können. Sie können nicht oft genug auf die Inkonsistenzen bei anderen Leuten hinweisen. Versuchen Sie zu vermeiden, daß umgekehrt andere Leute Ihre Inkonsistenzen entdecken.

Rational – (1) begründet;
(2) (math.) eine Zahl, die als Funktion zweier anderer Zahlen ausgedrückt werden kann;
(3) alles, was Sie selbst sagen.

Irrational – (1) unbegründet;
(2) (math.) eine Zahl, die nicht als Funktion zweier anderer Zahlen ausgedrückt werden kann;
(3) alles, was ein anderer sagt.

Analytisch und ***synthetisch*** – Eine nützliche Unterscheidung Kants zwischen zwei Arten von Urteilen: Analytische Urteile sind wahr lediglich kraft der Bedeutung der Wörter, die sie enthalten, unabhängig vom Zustand der Welt (z. B. »alle Abiturienten sind unverheiratet«). Synthetische Urteile hingegen (wie »kein Schellfisch ist Opernsänger«) sind wahr oder falsch je nach den empirischen Umständen (es könnte ja Schellfische gegeben haben, die an der Mailänder Scala aufgetreten sind). Es gehört zu den großen Tragödien des Lebens, daß analytische Urteile, obwohl gewiß und unanzweifelbar, von sehr geringem Nutzen sind, während synthetische Urteile, obwohl nützlich, keineswegs gewiß oder unanzweifelbar sind. Kant widersprach dieser Aussage und glaubte, es könne synthetische Urteile a priori (siehe unten) geben, zum Beispiel in der Geometrie. Doch unglücklicherweise irrte er sich.

A priori und ***a posteriori*** – Eine ähnliche Art von Unterscheidung. Urteile a priori kann man unabhängig von empirischen Fakten gewinnen, Urteile a posteriori nicht.

Idealismus als philosophisches Konzept bedeutet nicht, daß man sich mit dem Wohlergehen von Seehundbabys beschäftigt (oder gar mit dem Wohlergehen prominenter französischer Schauspielerinnen, die sich um das Wohlergehen von Seehundbabys kümmern) oder an die Brüderlichkeit glaubt. Vielmehr handelt es sich um die erstmals von Berkeley aufgestellte Behauptung, daß Gegenstände der äußeren Welt keine wirkliche Existenz haben, die von ihrer Wahrnehmung unterschieden ist. Eigentlich haben ***Idealisten*** große Schwierigkeiten zu erklären, was genau sie damit meinen, denn meistens beharren sie darauf, daß dies keineswegs bedeute, Gegenstände seien eine Täuschung; doch scheint es auch so zu sein, daß ihre These eine ontologische und keine erkenntnistheoretische ist. Der Idealismus steht im Gegensatz zum

Realismus – Dies ist der Glaube, daß die äußeren Gegenstände wirklich da sind, und nicht nur dann, wenn jemand von ihnen Notiz nimmt. Realismus ist jedoch in der Philosophie ein äußerst vieldeutiger Begriff. In der Wissenschaftstheorie versteht man unter Realismus den Standpunkt, wonach wissenschaftliche Gesetze auf wirkliche Beziehungen in der physischen Welt hinwei-

sen; hier wird er dem ***Instrumentalismus*** gegenübergestellt: dem Standpunkt, daß wissenschaftliche Gesetze lediglich Modelle der Vorhersagbarkeit seien. Man kann auch hinsichtlich der Möglichen Welten Realist sein. Das heißt, daß man den Standpunkt vertritt, diese existierten tatsächlich, jedoch nur potentiell – was ungefähr dasselbe ist, als wenn man sagen würde, daß sie zwar *wirklich* existieren, aber nicht *tatsächlich*. Im Mittelalter war der Gegenspieler des Realismus der
Nominalismus – Der Standpunkt, daß Universalien (grob gesprochen allgemeine Begriffe wie »Katze« und »Tisch«) nicht unabhängig von der Gesamtheit ihrer einzelnen Teile existieren, das heißt nicht unabhängig von den tatsächlichen Katzen und Tischen, die Bestandteile der Einrichtung der Welt sind. Realisten hingegen sind diejenigen, die glauben, es gebe einzelne universelle Einheiten, die uns ermöglichen, die Welt in kohärente Gruppen von Dingen einzuteilen. In dieser Hinsicht war Platon Realist (wenn auch in kaum einer anderen).

Semantik – Eine nützliche Unterscheidung, die man sich zu eigen machen sollte, besonders, wenn man mit Computerfreaks spricht, ist die zwischen Semantik und Syntax (oder Syntaktik). Sie liefern eine ***Semantik*** für ein Argument (oder was auch immer), wenn Sie eine Methode anbieten, die darin enthaltenen Symbole in etwas Sinnvolles zu übersetzen; der Anspruch, die Semantik für eine Sprache zu liefern, setzt eine ***Theorie der Bedeutung*** voraus oder beinhaltet diese. Im Gegensatz dazu ist die ***Syntax*** lediglich die formale Grammatik eines Systems: Bei ihr geht es darum, ob die Symbole richtig miteinander verbunden sind oder nicht. Daher können Sie durchaus die Syntax eines Systems beherrschen, ohne die leiseste Ahnung von dessen ***Semantik*** zu haben. Und genau das kennzeichnet im großen und ganzen den Bluffer in Sachen Philosophie: Im Idealfall weiß er, wie er mit den Begriffen der Sprache umzugehen hat – wie der Späte (nicht jedoch der Sehr Frühe oder Frühe) Wittgenstein sich ausgedrückt hätte; doch er hat keinen blassen Schimmer, worum es dabei überhaupt geht.

Natürlich kann man nicht immer nur griechische oder lateinische Begriffe verwenden. Sie müssen auch ein wenig auf deutsches Vokabular zurückgreifen können (wie vage auch immer):

Ein ***Beweis*** – sollte man meinen – ist ein Beweis. Nicht so in der philosophischen Sprache, denn hier kann er entweder gültig oder ungültig, folgerichtig oder nicht folgerichtig sein. Ein Beweis ist gültig, wenn er aus Prämissen besteht, die so miteinander verbunden sind, daß, wenn sie wahr sind, die aus ihnen gezogene Schlußfolgerung ebenfalls wahr ist. Er ist nur dann folgerichtig, wenn alle Prämissen wahr sind und er auch gültig ist (auf diese Weise ist die Wahrheit der Schlußfolgerung abgesichert).

Zeitgeist – Die allgemein vorherrschende Sichtweise der Menschen zu einer bestimmten Zeit (wenn sie überhaupt eine haben).

Weltanschauung – (ein wirklich nützlicher Begriff) Bild von der Welt. Experimentieren Sie mit Wendungen wie »das zwingt einen, seine Weltanschauung zu überdenken«.

Erkenntnis – Auch der Zeitschriftentitel der Logischen Positivisten (wie Otto Neurath, Carl Hempel und Rudolf Carnap), bekannt als *Wiener Kreis.*

Gesamtheit – Ein nützlicher Begriff, wenn man Wittgensteins Aussage zitieren kann: »Die Welt ist die Gesamtheit der Tatsachen, nicht der Dinge«.

Sätze (etwa: »Mickey Maus ist ein Hamster«) sind in der Philosophie entweder wahr oder falsch; nach dieser Definition ist: »Möchten Sie nicht mit zu mir nach Hause kommen und meine Sammlung alter französischer Käse anschauen?« – merkwürdigerweise – kein Satz. ***Atomare Sätze*** sind Basissätze, die eine Behauptung über etwas aufstellen. Eben solche hielt der Frühe Wittgenstein (hingegen nicht der Späte Wittgenstein) für die Grundelemente der Sprache.

Bedingungen – Behauptungen mit den Komponenten »wenn... dann...«; sie sind die Grundbausteine des logischen Beweises.

Kontrafaktische Bedingungen – Bedingungen, bei denen der erste Teil (das »wenn«) falsch ist, zum Beispiel: »Wenn Schweine Flügel hätten, wären Streifenwagen überflüssig«. Sie sind deshalb für den Philosophen von Interesse, weil es sehr schwierig ist, ihre ***Wahrheitsbedingungen*** zu analysieren; für den Bluffer sind vor allem Bemerkungen praktisch wie: »Ich bin mir nicht sicher, wie man diese kontrafaktische Bedingung deuten soll«. Manchmal werden sie auch »konjunktivische Bedingungen« genannt, meistens von Leuten, die Ihnen zeigen wollen, daß sie selbst im Lateinischen Synonyme bilden können.

Wahrheitsbedingungen – Die Bedingungen, unter denen etwas wahr ist; dementsprechend wird um sie viel Wind gemacht.

Notwendig und ***zufällig*** – ***Notwendige Wahrheiten*** sind jene, die nicht anders lauten könnten; ***zufällige Wahrheiten*** hingegen könnten anders lauten. So ist die Aussage »Kohl ist Kanzler« eine zufällige, während »Kohl ist Kohl« eine notwendige Wahrheit ist (woraus ersichtlich wird, daß es bedauerliche notwendige Wahrheiten gibt).

Mögliche Welten – Die drollige Schöpfung eines bestimmten Typus von ausgeflippten Philosophen. Eine Mögliche Welt ist jeder Zustand, der eintreten könnte, im allgemeinen aber nicht eintritt.

Personenregister

Der Autor

Aus Steuergründen 1957 in Lagos zur Welt gekommen, zeigte Jim Hankinson schon in frühen Jahren einen angeborenen Forschergeist: jenen Hang, (großenteils äußerst belanglose) Fragen zu stellen, der Beobachter dazu veranlaßte, ihm entweder eine Laufbahn in der Philosophie oder aber einen frühen Tod vorauszusagen. In der Schule galt er als überdurchschnittlich intelligent, was sich inzwischen jedoch dank regelmäßigen Alkoholgenusses auf ein Normalmaß reduziert hat.
Seine Studienjahre verbrachte er am Balliol-College in Oxford, wo er lernte, wie schwierig es sein kann, »Mühelose Überlegenheit« zu demonstrieren, und daß es eine

Vollzeitbeschäftigung ist, Müßiggang und Degeneration zu kultivieren.
Nachdem er, zur großen Überraschung aller, sein Studium mit der besten Note abgeschlossen hatte, promovierte er am King's College in Cambridge zum Doktor der Philosophie. Als Verfechter strenger Disziplin und Selbstmotivation machte er es sich zum Prinzip, mindestens fünf Minuten täglich (einschließlich mittwochs) an einer wissenschaftlichen Abhandlung über ein derart unbekanntes Gebiet der Philosophie zu arbeiten, daß niemand ihn darüber prüfen konnte.
Inzwischen ist Hankinson Professor der Philosphie an der University of Texas in Austin. Außerdem widmet er sich, soweit seine Arbeit ihm Zeit dafür läßt, seinen übrigen Steckenpferden: dem europäischen Film, dem Brauereiwesen und dem Ersinnen von zunehmend verworrenen und unwahrscheinlichen Tagträumen, die sich alle um Cathérine Deneuve ranken.